Креативный потенциал языка современной русской поэзии

NEUERE LYRIK
Interkulturelle und interdisziplinäre Studien

Herausgegeben von
Henrieke Stahl, Dmitrij Bak, Hermann Korte †,
Hiroko Masumoto und Stephanie Sandler

BAND 10

Наталья Фатеева

Креативный потенциал языка современной русской поэзии

PETER LANG

Bibliografische Information der Deutschen Nationalbibliothek
Die Deutsche Nationalbibliothek verzeichnet diese Publikation
in der Deutschen Nationalbibliografie; detaillierte bibliografische
Daten sind im Internet über http://dnb.d-nb.de abrufbar.

Entstehung und Druck des Buches wurden von der
DFG-Kollegforschungsgruppe FOR 2603 finanziert.

Umschlagabbildung:
„Der Tag des Buchstaben A" © Tat'jana Grauz

ISBN 978-3-631-84636-0 (Print)
E-ISBN 978-3-631-84947-7 (E-Book)
E-ISBN 978-3-631-84948-4 (EPUB) ·
E-ISBN 978-3-631-84949-1 (MOBI)
DOI 10.3726/b18147

© Peter Lang GmbH
Internationaler Verlag der Wissenschaften
Berlin 2021
Alle Rechte vorbehalten.

Peter Lang – Berlin · Bern · Bruxelles · New York ·
Oxford · Warszawa · Wien

Das Werk einschließlich aller seiner Teile ist urheberrechtlich geschützt.
Jede Verwertung außerhalb der engen Grenzen des Urheberrechtsgesetzes ist ohne
Zustimmung des Verlages unzulässig und strafbar. Das gilt insbesondere für
Vervielfältigungen, Übersetzungen, Mikroverfilmungen und die Einspeicherung und
Verarbeitung in elektronischen Systemen.

Diese Publikation wurde begutachtet.
www.peterlang.com

Содержание

Введение	7
Звуковая организация текста и динамическая система его записи	11
Словообразовательный уровень	23
Лексико-семантическая организация текста	33
Грамматический уровень организации текста	37
Синтаксическое строение текста и его целостная организация	77
Интертекстуальность как источник креативности	93
«Расщепленный субъект» в современной поэзии: креативные стратегии	99
Заключение	113
Литература	115

Введение[1]

В современной лингвистике все больше работ посвящается языку современной поэзии. Рассматриваются его особенности в контексте истории языка[2], изучаются активные процессы, происходящие в нем[3], его конвергенция с языком философии[4], проводятся поэтические эксперименты[5].

Новизна нашего исследования состоит в том, что в нем с учетом взаимодействия уровней языка и с привлечением большого корпуса современных поэтических текстов (конца XX — начала XXI в.) выявляются те языковые структуры и ресурсы, которые делают возможным расширение сферы креативности в языке и определяют динамику его инноваций, то есть мы предлагаем изучение языка современной поэзии в аспекте языковой креативности — творческого и когнитивного потенциала, заложенного в языковых единицах, категориях и способах их репрезентации в целостном тексте. Такое понимание языковой креативности (лингвокреативности) связано с выделением, наряду с поэтической или эстетической функцией языка, креативной или творческой функции, воздействие которой предполагает выход за рамки установившихся норм и традиций, отклонение от аналогии, создание новых форм и неожиданных сочетаний при передаче разнообразной текстовой информации.

Разработка темы лингвокреативности велась с установкой на работы В.В. Виноградова, в которых художественная речь, репрезентируемая в личностных формах, представлена как основная сфера индивидуально-речевого творчества[6], а также с учетом идеи Р. Якобсона о том, что творчество в языке связано с нарушением и преодолением конвенции системы[7]. Методологически значимым для нашего исследования является и вывод Г.О. Винокура о том, что поэзия всегда связана с созданием языковых средств, которые «не даны непосредственно наличной традицией и вводятся как нечто совершенно новое в общий запас возможностей языкового выражения»[8].

Данный подход к изучению языковых фактов укладывается в рамки креаторики как составной части проективной лингвистики в понимании

---

1   При подготовке текста монографии использовались материалы, содержащиеся в ранее опубликованных работах: Фатеева (2009); (2016); (2017); (2018); (2019а); (2020).
2   Зубова (2000а); (2010).
3   Николина (2009).
4   Азарова (2010а).
5   Шталь / Рутц (2013).
6   Виноградов (2006).
7   Якобсон (2011, с. 34).
8   Винокур (1943, с. 8).

М. Н. Эпштейна. Задачей проективной лингвистики М.Н. Эпштейн[9] считает пополнение языковой системы и ее творческую перестройку:

> Описывая систему языка, проективная лингвистика обнаруживает в ней лакуны и динамические точки роста — и вместе с тем заполняет эти лакуны, демонстрирует возможность новых лексических и грамматических конструкций, которые в более полной мере реализуют системный потенциал языка.

Нами учитывались также результаты, полученные при исследовании других сфер языка (разговорной речи, детской речи, публицистики, медийного и рекламного дискурсов)[10]. Для нашего исследования важными являются и работы по выявлению когнитивных механизмов креативности, лежащих в основе появления новых языковых единиц[11]. Проблемы восприятия неконвенциональных единиц с точки зрения когнитивного анализа обсуждаются в работе[12].

Особенностью изучения проявлений языковой креативности в нашей работе является то, что при их анализе учитывается фактор стихотворной организации текста, которая обусловливает появление упорядоченностей, не имеющихся в системе естественного языка (вертикальный контекст, стихотворный размер, рифма, звуковая организация, структурный параллелизм). Это позволяет исследовать условия существования элементов поэтического текста, при которых возможности языковой системы проявляют себя наиболее полно.

Еще одна особенность нашего исследования состоит в том, что обновление языковых средств в поэзии связано с каждым новым поэтическим поколением. С этой точки зрения активные процессы, происходящие в сфере языковой креативности, изучаются параллельно с происходящими в языке изменениями.

Мы хотим посмотреть на проявления языковой креативности с учетом взаимодействия всех уровней языка и с привлечением большого корпуса современных поэтических текстов (конца XX — начала XXI века).

Особое внимание уделяется тем языковым структурам и ресурсам, которые делают возможным расширение сферы креативности в языке и определяют динамику его инноваций. Прежде всего, это словообразование, грамматическая и лексическо-семантическая сферы языка, где языковые инновации связаны с особым, неконвенциональным способом выражения, открывающим новые пути словообразования и смыслообразо-

---

9   Эпштейн (2016, с. 227).
10 Ирисханова (2009); Лингвистика креатива (2009); Лингвистика креатива-2 (2012); Ремчукова (2011); Carter (2004); Swann / Pope / Carter (2011); Crystal (1998); Maybin / Swann (2007); Moreno (2007); Pope / Swann (2011); Vanderslice (2011) и др.
11 Заботкина (2018); Dancygier (2017).
12 Устинова (2017).

вания. Последнее определяется установкой поэтического языка на мотивированность всех типов девиаций (звуковых, орфографических, словообразовательных, грамматических, лексическо-семантических), поскольку в нем существует презумпция разрешения всех лингвистических аномалий. Девиантность в поэзии почти всегда является осознанным авторским приемом и относится к явлениям метаязыковой рефлексии: все введенные поэтом словообразовательные, грамматические, лексико-семантические и другие трансформации работают на приращение смысла, прежде всего на его эстетическую составляющую, а также на создание новых нетривиальных смыслов. Последнее и определяет креативный характер поэтических девиаций, которые в итоге становятся языковыми инновациями.

Для своей работы мы выбрали поуровневый метод описания, однако сложность этого подхода заключается в том, что в поэтическом тексте все уровни языка вступают в сложное взаимодействие, так что инновационные процессы затрагивают одновременно все стихотворные явления. И действительно, каждое слово имеет особую звуковую оболочку, вписывается в определенную словообразовательную и словоизменительную парадигму, может отражать определенные лексико-семантические трансформации, является единицей синтаксической организации текста и входит в определенную систему синтаксических зависимостей, подчиняется законам метрической и ритмической организации. На уровне же целого текста важными параметрами становятся субъектная организация и взаимодействие текста с другими текстами. Попробуем проанализировать лингвопоэтические явления современного поэтического текста именно с такой точки зрения.

Звуковая организация текста и динамическая система его записи

Обратимся к фонетико-орфографическому уровню. Здесь мы наблюдаем явления двух порядков: во-первых, обращает на себя внимание звуковая организация лингвистических единиц и иконичность знаков, их формирующих; во-вторых, релевантной оказывается сама система записи текста (нарочитая трансформация, связанная со слитным, раздельным и дефисным написанием, знаки препинания внутри слова, распределение пробелов, шрифтовые выделения, использование заглавных букв, переход на другой алфавит или другую систему знаков, величина интервала между строками, нарочито искаженное написание и написание в старой орфографии, которое специально мотивировано в тексте).

Пример особой фонетической организации — предсмертное стихотворение Григория Дашевского:

> Март позорный рой сугробу яму
> розоватых зайчиков не ешь
> кости имут ледяного сраму
> точно ты уже отсутствуешь[13]

Здесь прежде всего выделяется огласовка на «у», особенно в последней строке с дополнительным ударением в слове *отсутствуешь*, что указывает на некий предсмертный *вой*, при этом в слове *сугробу* в первой строке между двумя «у» особо выделяется часть *гроб* (сама же строка отсылает к поговорке *не рой другому яму*), связанная со смертью. Этот *гроб* вписывается и в аллитерационный ряд с дрожащим «р» (*март, позорный, розоватых, сраму*), в котором слова *март* и *сраму* по своему консонантному составу слагаются в СМРТ — т.е. содержат анаграмму смерти.

Что касается звуковой изобразительности, то здесь особую роль играют шипящие звуки. Так, в строках А. Цветкова

> речь воспаряет над раствором гласных
> **швырни щепоть шипящих** и вскипит[14]

акцент на шипящих во втором ряду позволяет дать звуковое подкрепление метафоре «кипящей речи», когда в *раствор гласных* (причем слово *раствор* можно понимать в двух значениях: 'жидкости, образованной на основе смешения' и 'открытого рта') добавляется *щепоть* некоего вещества, вызывающего шипение — а именно, что касается звуковой материи — это аллитерационный ряд слов с шипящими. Таким образом, текст имеет как языковое, так и метаязыковое измерение.

---

13   Дашевский (2007).
14   Цветков (2005).

У В. Черешни слова с шипящими звуками помогают сформировать образ тишины, нарушаемый шелестом шин, при этом тишина наделяется свойствами острого предмета — иглы, как бы сшивающей звуковую ткань текста:

> Кромешной тишины цыганская игла
> сшивает шелест шин на мокром листопаде[15].

У В. Полозковой шипящие *ж*, *ш* и *щ* воспроизводят звук шипящей змеи, как бы озвучивая введенное в текст сравнение:

> Все тычешься лбом в людей, чтобы так не плющило,
> Да толку: то отмороженная, то злющая,
> Шипящая, как разбуженная гюрза[16].

О. Николаева, называя свое стихотворение «Щастье», имея в виду произносительный вариант слова «счастье», который некоторыми так и воспроизводится на письме, выказывает к нему двойственное отношение именно за счет формы воспроизведения: пронизывая почти весь свой длинный текст словами с шипящими звуками, в том числе и мягким *щ*, она, с одной стороны, соотносит его с *дыр-бул-щил* и *убещур* Крученыха, тем самым устанавливая интертекстуальные связи, с другой — связывает его со звуком шелестящего леса, создавая метафору, а также сравнивает его со спящим ребенком:

> Вот ты и твердишь "щастье, щастье" уже и без особенного интереса,
> вроде и не ласковое оно, а все из мембран, перепонок,
> и есть в нем щемящая шепелявость осеннего леса,
> и всхлипывает оно, как под утро — спящий ребенок[17].

Изобразительным потенциалом обладают и «свистящие» звуки, что особо выразительно представлено у К. Капович, которая сосредоточивается на излюбленном приеме Набокова — синестезии (сам Набоков в «Даре» упоминает о «звонко-синем часе» у Блока):

> Распалось на буквы шершавое имя,
> осталось свистящее, сиплое «с»,
> Набокова синяя синестезия
> и музыка, музыка — как же ведь без...[18]

Примером особой записи текста служат строки Наталии Азаровой из стихотворного цикла «Тени на потолке»:

> те-пло-те-нью-истончится
> те-ло-ли-нией-про-длить-ли?[19]

---

15   Черешня (2018, с. 177).
16   Полозкова (2007).
17   Николаева (2009).
18   Капович (2018).
19   Азарова (2011a).

строение которых обнажает тот факт, что разделение слова или текста на части парадоксальным способом становится формой сокращенной записи лежащего за ними невыразимого смысла, который приводится в движение самим актом членения и последующего соединения в единую «линию»; к тому же части могут читаться в ином коде, чем вся последовательность (так, в данном тексте по вертикали появляется *тепло тела*, а по горизонтали *плоть*). Таким образом обнажается инфраструктура слова, строки и всего текста, что позволяет многократную кодировку одних и тех же элементов. Параллельно динамизируется не только сама ткань текста, но и его восприятие: в текст вводится параметр дополнительной «ритмизации», который порождается параметром дополнительной «визуализации». Такая визуализация, подчеркнем, возможна только в стихотворном тексте, где важны как сама линия, так и конец строки, а также деление на слоги с их последующим соединением в единое целое. Она особенно выразительна у Азаровой в форме европеизированной «танки», где в каждой строке отмеренное число слогов:

> от-сло-га-к-сло-гу
> переходя границу
> волнами тепла
> сай-гё-ль-дер-ли-на
> сливы сплелись с горами[20]

Анна Альчук добивается многомерности смысла другим способом: за счет использования заглавных букв и образования графодериватов, а также внутрисловных и межсловных скобок — благодаря этому у нее в тексте взаимно перетекают друг в друга *голубизна* и *голуби*, *волна* и *воля*:

> ГОЛУБИзна
> Ибисы
> Сойки
> плещут:
> ВОЛ(ю)НА ВОЛ(ю)НА ВОЛ(ю)НА
> ВОЛЮ!)[21]

У Геннадия Айги за счет различных знаков препинания (тире, дефиса, двоеточия, восклицательного и вопросительного знаков, а также математического знака равенства) и особого графического расположения текста на странице, в стихотворении «Видение розы» возникает иконический знак креста, т.е. текст выводит на поверхность свою семантику, которая становится «зримой»:

---

20   Азарова (2005).
21   Альчук (2009).

> роза-и-крест
> о:
> крест-цветок:
> «жизнь»? = «миг» — чтоб увидеть:
> о (= нет):
> и:
> ! —
> (за — Зримым)[22]

При этом в кавычках оказываются основные понятия текста «жизнь» и «миг», которые поэт стремится выделить в структуре стихотворения при помощи этих знаков.

В другом стихотворении Г. Айги знаки препинания иконически указывают как на разрыв внутри «Я», так и на его целостность:

> (и зримо-разрывающе: «Я — Есмь!»):[23]

Доминантным в строке оказывается синестетическое наречие «зримо-разрывающе», получающее иконическое воплощение в знаке тире, разделяющем «Я» и глагол существования «Есмь!» с восклицательным знаком; вся же строка заключена в скобки (фиксирующие некоторую внутреннюю целостность), а затем эти скобки открываются вовне двоеточием.

Переходными случаями между орфографическими девиациями и девиациями других уровней (лексическими, словоизменительными и словообразовательными) предстают явления «поэтики полуслова» — сокращенной записи слов, по усеченным частям которых восстанавливается его целостная форма, а также случаи создания неографизмов (графодериватов).

Остановимся на них подробнее. Техника «полуслова» может использоваться автором как чисто «шуточная», ориентированная на то, что прием «ребуса» или «отгадки слова» задан установкой на языковую игру с читателем. Но в то же время та же техника способна выводить читателя и на глубинные обобщения, рожденные особым расположением языковых элементов. С подобным явлением мы встречаемся в стихотворении «Памяти Генриха Сапгира» Сергея Бирюкова, который воспроизводит технику «полуслова», разработанную Сапгиром, но в особой поэтической функции. Усеченные формы у Бирюкова запечатлевают сам момент обрыва жизни великого поэта, стихи которого уже открыты для вечности: ср.

> в железной коробке
> троллейбуса
> умирает поэт
> Генрих Сапгир
> троллейбус продолжает

---

22 Айги (2014, с. 17).
23 Айги (1991, с. 135).

движение как будто
поэт спит
в неизвестном направлении
движ
движ
тролл
вместе с бездыханным телом
поэта
душа еще теплая
она еще диктует
последние строки
но уже никто не слышит
даже тело поэта
его рука
не слыш[24]

Здесь важно то, что сокращенные формы повторяют уже существующие в тексте (*продолжает движение, троллейбус, не слышит*), но они запечатлевают в вертикальном ряду уже те «последние строки», которые диктует, улетая, душа поэта, — поэтому они оказываются вне показателей грамматического времени и предметной оформленности (*движ / движ / тролл [...] не слыш*). Так, парадоксальным образом «неполная» форма записи текста, именно благодаря своей «непроявленности», создает основу для воспроизведения механизма ассоциативного мышления и обнажения в слове или его частях ранее невидимого смысла. Получается, что здесь неполнота приобретает иконический характер (т.е. воплощает семантику разрыва).

Усеченные формы полуслова могут даже выноситься в заглавие стихотворения, как у В. Кривулина:

ЧУДНОЕ МГНОВЕ
зачем ты чудное мгнове
в моей засело голове
обломком части неприличной
от некой статуи античной?[25]

Здесь «оборванность» слова «мгнове» создает ущербность пушкинской цитаты — она как бы манифестирует тот «обломок части неприличной», который остался от классического искусства. Однако задача нового искусства — найти пути восстановления гармонии текста за счет домысливания целого, о чем говорит сам Кривулин в конце стихотворения:

Гармония ведь божество
на проводе, на связи с нами

---

24 Бирюков (2009, с. 47).
25 Кривулин (2001).

чтобы не видели но знали:
там нечто есть, где нету ничего[26]

Иногда поэты сами заявляют в своих текстах о технике «полуслова». Например, Галина Рымбу, которая мотивирует обрыв окончаний «схождением с ума», при этом она использует и архаичные формы деепричастия (*сошед*) и прилагательного (*мирна*), которые в тексте поддерживают тенденцию усечения:

Обрывая у слов окончания, —
Ночь, и дождь от небесных сошед,
Открываются стены печальные —
Сумасше, сумасше, сумасше...
Мирна тень от пузатого чайника.
Я тебя забуду вообще.[27]

Часто обрыв слова указывает на прерывание коммуникации и уход в молчание, как это представлено в стихотворении Гали-Даны Зингер, где молчание становится «чутким» и предстает как отзвук и отражение голоса:

нелюдимые взгляды отражений
прописи сна
травестия назывного предложения
голос тонкого молчания
голос чуткого молчания
не знаю как перевести
свободы всегда чуть меньше
или чуть больше
чем необходимо
взаперти
голос чьего молчания
голос твоего мо[28]

Особый интерес вызывает стихотворение Т. Грауз «За нас», посвященное безвременно ушедшей А. Альчук. Поэтесса использует здесь форму *за ны*, которая в церковнославянском языке означает «за нас». В тексте же она воспринимается как сокращенная запись от глагола *заныть*, который затем то появляется в тексте целиком (*заныла душа*), то опять распадается на части за счет внутрисловного переноса (*о тебе душа за/ ныла*). *Ны* же становится самостоятельным словом — обнаруживается словосочетание *взлетела в ны*, оно сшивает всю звуковую структуру стиха, делая его похожим на «заплачку»:

о тебе о **за ны***
заныла душа

---

26   Там же.
27   Рымбу (2010).
28   Зингер (2017).

(за облаками полуденными её даль)
за небо упала
взлетела в **ны**
и за ны
о тебе о душа **за**
ныла
(зола о душа о тебе)[29]

*за ны (старосл.) — за нас

При этом надо вспомнить и формулу о распятии Иисуса Христа как страдающего «за ны».

Семантика разрыва особенно релевантна при внутрисловном переносе, когда образуются разрывы слов при переходе от одной строки к другой. Эта техника свойственна Полине Андрукович, которая часто добавляет к ней имитацию машинописных опечаток, что делает сам процесс чтения дискретным — текст как бы восстанавливается по фрагментам. Такое восстановление может происходить как при сохранении естественной членимости слов (тогда чаще всего знак переноса не ставится):

По принципу **фрагментар**
Ности повторяя себя в **Дру**
Гом изображении, где всйнет всё
Излишнее обретает **знако**
Мые черты[30]

так и с ее нарушением, которое подчеркивается знаком переноса:

Точность называния **поним-**
аемого, постепенная **точнос-**
ть постепенного **понима-**
ия, — до Целого, в **котор-**
ое с осторожностью **скла-**
дывается субъективно **наз-**
ванное — в объект Целого,
с дополнением паузы[31]

Заметим, что эти два текста Андрукович по сути являются метатекстами, перформативными по своей сути, так как сами воспроизводят процесс становления целого из фрагментов с дополнительным паузированием на концах строк.

Особую функцию имеет внутрисловный перенос в стихотворении А. Глазовой, начинающегося с *ино-*:

ино-
гда — ударяя в землю —

---

29 Грауз (2009).
30 Андрукович (2009, с. 50-51).
31 Андрукович (2017).

> молния превращается в реку,
> **иногда** — застывает в столп
> расплавленного песка.
>
> иногда устье реки
> похоже на простёртую молнию
> и река — не река а это я говорю
> чтобы меня
> превратило
> **в иное**
> **или в ином.**[32]

Это *ино-*, отделенное от временного *гда*, задает весь ряд превращений, заканчивающихся именно превращением самого лирического субъекта в «иное».

Внутрисловный перенос помогает выбрать и правильное направление чтения текста. Так, в «Шестистишиях» Андрея Таврова, выполненных, согласно объяснению автора, наподобие гексаграмм из китайской «Книги перемен», которые читаются снизу вверх, внутрисловные переносы вместе со скобками выводят на поверхность эту технику:

> звездой как частью сдвигая общность всего
> и нежно перемещая выждав вместе с
> Венерой ли Сатурном) или бесстрастно
> ды (Марса в констелляции скажем с
> бо отрывая его от породившей **звез-**
> две возможности перемещать слово **ли-**
> /ARS POETICA/[33]

Когда внутрисловный перенос не обозначается на границе стиха черточкой, тогда нейтрализуется оппозиция дискретности / континуальности на границе стиховых рядов за счет взаимодействия различных языковых уровней, прежде всего ритмико-синтаксического и словообразовательного. Ср., к примеру, стихотворение С. Бирюкова «Первая реформа стихосложения»:

> Тредиаковский Сумароков
>   Ломоносов
> перево
> ротов смысл и пере
> носов[34]

Фактически, за счет стиховых внутрисловных переносов в данном тексте совершается «переворот» от одного слова к другому, и при этом выделя-

---

32   Глазова (2014, с. 82).
33   Тавров (2015).
34   Бирюков (2009, с. 16).

ются орган артикуляции «рот» и орган обоняния «нос»; параллельно восстанавливается и внутренняя форма фамилии Ломоносов, мотивированная словосочетанием «ломать нос».

Встречаются и переходные случаи, когда поэтика «полуслова» взаимодействует с переносом по слогам. Например, в стихотворении Н. Делаланд «Лютень», где слово *значит*, разбиваясь по строкам, соединяет противоположные сущности – жизнь и смерть:

> Пластаясь у ног чужих
> Вот и весна-заика стучит мне в окна.
> Что это **зна**: наверное, просто — жить.
> Что это **чит**: наверное, просто — сдохнуть,
> Третьего, эх, не надо и не дано...[35]

Что касается неографизмов или графодериватов (т.е. слов, в которых графически выражена новая форма), то здесь мы можем привести пример *Сердце — COR — КОРАБЛЬ*[36] Е. Кацюбы, где у корабля вычленяется смысл «сердце», а также пример из Л. Ходынской *А-СКОРБИ- / НОВАЯ МОЛИТВА!*[37], где при перераскладении прилагательного *аскорбиновая* (обычно присоединяемого к слову кислота) появляется новая совокупность смыслов о+скорби+новая, которая является атрибутом к слову «молитва».

Поэтика «полуслова», внутрисловные переносы, а также неографизмы динамизируют ткань стиха для того, чтобы показать динамику самой поэтической мысли, и эта тенденция обнажается в стихотворении Елены Сазиной, так и озаглавленном «Мысль»:

> Стучит ритмующим
>   молотом
> молотит багровым
>   долотом
> ломает стенки сосудов
>   мысль
>
> пульсирует вязко в
>   жилах
> глухо бьет в
>   перепонки
> барабаня тревожный **ритм**
>   ысль
>
> дрожит в окончаниях
>   нервных

---

35 Делаланд (2019a, с. 20).
36 Кацюба (2014).
37 Ходынская (1996).

```
            за клетки мозга
                     цепляясь
            преломляясь в зрачках
                        бесполых
            кривляясь дробясь исчезая
            в глубинах венозной тьмы
                               сль
                                ль
                                 ь³⁸
```

Сложно адекватно воспроизвести данный текст: его можно читать голосом, однако при этом стиховые связи, заданные визуальным рядом, останутся не выявленными — ведь именно особая расстановка слов по строкам и их краям отражает их реальный смысл. Подобный рисунок распределения слов диктуется глаголами и глагольными формами, наполняющими текст: *стучит, молотит, ломает, пульсирует, бьет в перепонки, барабаня, цепляясь, преломляясь, кривляясь, дробясь, исчезая*. Это все предикаты заглавного слова «мысль», которая по ходу развертывания текста распадается и дробится на элементы, связанные со словом ритм, — поскольку стучит «ритмующим молотом». Окказионализм *ритмующим* позволяет уподобить действия мысли музыкальным молоточкам, отбивающим ритм, и в то же время он паронимичен причастию «рифмующим»: постепенно исчезающая тавтологическая рифма как раз и образует самую правую вертикальную составляющую текста — в результате от полного звукового варианта МЫСЛЬ остается сначала часть еще одного авторского неологизма *ритмЫСЛЬ* (причем мужского рода: *барабаня тревожный ритмЫСЛЬ*), рассеченного по строкам, затем часть неологизма *тьмыСЛЬ*, также преломленного на границе строк (в зрачках), затем остается только мягкий ЛЬ, и, наконец, мягкий знак, который не может быть озвучен. Так из стихотворения исчезает «звук», и в нем начинает доминировать визуально-буквенное начало, воспринимаемое только глазами. Проявляет себя иконичность стиха, вскрывающая его внутреннюю форму: последняя и образует инфраструктуру мысли, которая «буквально» (т.е. по буквам) уходит вглубь «венозной тьмы». Получается, что «мысль стиха» материализуется за счет того, что на границах рядов рождаются новые слова, а уже существующие теряют определенность формы. Таким образом, стих становится открытым в «мысль» на самой границе своей формы.

Многие из перечисленных процессов связаны с установкой стихотворного текста на ритмико-слоговое деление, что собственно и обеспечивает возможность внутри рядов и между рядами дополнительного чле-

---

38   Сазина (2005, с. 370).

нения слова, строго не обусловленного морфологическим и словообразовательным делением. В то же время образуются недискретные образования — сращения, в которых реально воплощается тыняновский принцип «слитного группового смысла» стихотворного ряда, благодаря чему образуются единицы, функционирующие как слово-предложение.

В этом отношении показателен пример из стихотворения А. Драгомощенко «К примеру», в котором за счет нерасчленимости ясно проступает эффект «пространственного становления времени»:

> Но к чему это я? К примеру. И по другой причине: с тем, чтоб понять
> меру скорости и пространства, разделяющих то, что изначально
> преступало законы падения,
> **сокрытогоисключеноизнасколькоядалекооттогочтопослезавтра,**
> И неизбежно сокроется полем зрения[39].

У Татьяны Грауз «дефисная» запись текста отражает неразрывность течения времени из прошлого в будущее, а затем в вечность:

> **считать-не-пересчитать года-не-года**
> через **то-что-было-и-то-что-будет**
> птицы-наколки на небо-своде летят-улетают
> валом-волной клаустрофобии
> волной электричества
> приоткрывают дверь **во-всегда-навсегда**[40]

К. Щербино также эксплуатирует временную семантику: у нее дефисная запись в какой-то мере иконически запечатлевает взаимное «врастание» завтра-сегодня-вчера, так что возникает наложение временных планов (*вчера меня не будет*):

> считалочка проста до жути смертельно сонная игра
> **до-завтра-доросло-сегодня-вросло-сегодня-во-вчера**
> так засыпа́лось до сих пор но вдруг вчера меня не будет[41]

Свойством нерасчлененности часто обладают цитатные элементы. Ср. у Олега Пащенко воспроизведение произношения аллюзивной строки А. Блока как единой лексической единицы:

> Я бы хотел, чтобы меня никто не встретил.
> Я искал ночную **улицефонаряптеку**,
> но вдруг навстречу три фигуры в контражуре[42]

Поэты даже могут специально играть на слитном или раздельном написании. Так, Т. Грауз называет свое стихотворение «Слитно-раздельно», а

---

39 Драгомощенко (2007).
40 Грауз (2006).
41 Щербино (2005).
42 Пащенко (2017).

в самом тексте особо выделяет дважды написанное слитно «спасибо», но в то же время это «слитно» получается с разрядкой:

> а на сетчатке пустой совсем день
> сумерки сухие цветы
> и долгое
> **с п а с и б о с п а с и б о**
> пишется-слышится слитно-раздельно[43]

Таким образом, самой подвижной составляющей современного поэтического текста становится его форма записи, отличающаяся от традиционной как в оформлении отдельных языковых единиц, так и целостной структуры текста. Эта бессознательная тенденция, однако, имеет вполне разумное объяснение: поэзия оказывается той сферой языка, в которой общие тенденции его развития проявляют себя быстрее всего и более явно, чем в других сферах. Как ни парадоксально, но при изучении активных процессов в поэтическом языке рубежа XX-XXI веков, обнаруживаются именно те зоны языковой подвижности, которые Вяч. Вс. Иванов в своей книге «Лингвистика третьего тысячелетия»[44] отмечает как проблемные явления, не получившие в лингвистической науке единого окончательного толкования. Среди них он особо выделяет (1) проблему дискретности и линейной реализации языковых единиц (прежде всего фонем), (2) вопрос о сокращении морфем при аббревиации и инкорпорации, (3) проблему соотношения между единицами разных уровней, а также возможность использования целых предикативных образований и словосочетаний в функции одного слова, (4) взаимосвязь грамматикализации и лексикализации, грамматических и лексических значений.

---

43   Грауз (2013).
44   Иванов (2004).

Словообразовательный уровень

Следующий уровень преобразований, особо важный в современном стихотворном тексте, — словообразовательный. Он связан с созданием неологизмов (окказионализмов), т.е. новыми номинациями как продуктами словообразования. Особенностью этого уровня на современном этапе является то, что неологические окказиональные образования содержат «нарушения» в своей словообразовательной структуре чаще всего за счет контаминации или же отражают процессы двойной мотивации.

Так, двойная мотивация отражена в контексте А. Уланова:

Где кончаются волосы и начинается ветер?
Знает ли ночь о своей длине?
Озеро старше дня, и оно ответит:
волноваться волне, луновать луне[45].

Здесь глагол *волноваться* соотносится не только с *волнением*, но и непосредственно с *волной*, что позволяет образовать во второй части строки глагол *луновать*, соотносимый непосредственно с *луной* (хотя могло быть и *луноваться*). При этом в строке образуется и особая звуковая организация, связанная с повторением звуков ЛН.

У В. Полозковой глагол *летовать*, образованный по модели *зимовать*, т.е. соотносимый с *летом,* при развертывании текста получает и вторую мотивацию, связанную с *летать*:

С тополиной опухолью в листве;
— Я остаюсь **летовать** в Москве.
— Значит, лети.
Лети[46].

Что касается контаминации, то она в последнее время превратилась из периферийного словообразовательного приема в продуктивный способ словотворчества. Она основана на слиянии (вплоть до междусловного наложения) сегментов разных слов, подвергающихся при этом сокращению. В семантическом плане это — гибридная единица, семантика которой вбирает в себя и значения объединяемых слов, и присущие им аллюзивные смыслы, и семантику соединения, противопоставления или сравнения, развивающуюся уже в самом процессе словопроизводства[47]. Лучше всего продемонстрировать это явление фрагментом стихотворения В. Черешни «Балет»:

Только на фоне смерти
Может дрожанье пачки

---

45   Уланов (1997).
46   Полозкова (2007).
47   См. Николина (2004).

> **Лебедяной** балерины
> Вызвать восторг и слёзы[48].

Здесь мы встречаем контаминированный эпитет *лебедяная*, объединяющий элементы слов *лебединый* и *ледяной*. Л.В. Зубова так пишет об этой контаминации:

> У Валерия Черешни балерина, которая ассоциируется с самым знаменитым русским балетом «Лебединое озеро», предстает и *ледяной*... Образ льда непосредственно связан со смертью, и, кроме того, в этих строчках ощущается связь с выражением «лебединая песня»[49].

Контаминация присутствует и в стихотворении В. Гандельсмана, где по-новому освещенная комната предстает *незнакомнатой* (незнакомая + комната):

> что, дыханием согрета,
> по углам себя тая,
> как дворцовая карета,
> ахнет комната от света,
> **незнакомната твоя**[50],

а также в стихотворении об осени, где *октябрь* в соприкосновении с ястребом (здесь можно вспомнить «Осенний крик ястреба» И. Бродского) предстает как *когтябрь* (когти + октябрь):

> Отвесной ясности паденье,
> квадраты света и теней,
> октябрь — прямое попаданье —
> **когтябрь для ястреба затей** —
> в прозрачное произведенье[51].

Контаминацию в глагольной форме встречаем в «Последнем лете» А. Альчук, где срастаются слова *цветы* и *тычется*, хотя сохраняется предлог, относящийся к существительному:

> в **цветычется** шмель
> о шлем аконита
> па
> влиньи глаза
> за
> крываются крыльями[52]

Заметим, что контаминация у Альчук сопровождается в целом стихотворении и внутрисловным переносом.

---

48 Черешня (1991).
49 Зубова (2007, с. 243).
50 Гандельсман (2003а).
51 Гандельсман (2019).
52 Альчук (2009).

Интересную контаминированную глагольную форму находим и у С. Соловьева — у него глагол *сворачиваться* вступает во взаимодействие со словом *сволочь*, и образуется неологизм *сволачиваться*:

> И **сволачивается**, как нить,
> память — вся с иголочки[53].

У В. Строчкова находим ироническую контаминированную форму «заплутарх» (заплутал+Плутарх), которая по семантике должна быть глагольной (*и в этих дебрях заплутарх*), а по форме она скорее — существительное (хотя может быть и стилизацией под русский имперфект типа *писахъ*). Расшифровку ее появления сам поэт дает в комментарии:

> читая Vitae parallelae*,
> я продирался еле-еле,
> сбивая с уш лапшу и парх,
> и в этих дебрях **заплутарх**[54]

---

* «Сравнительные жизнеописания» Плутарха.

Существуют поэты, которым свойственно раскрывать в самом тексте мотивировку своего новообразования. К ним принадлежит Ю. Мориц. Так, в стихотворении «Сквозеро», название которого стало названием целой книги стихов, она представляет в тексте две основы контаминированного образования — *сквоз-* (*сквозь, насквозь, сквозняк*) и *озеро*, таким образом делая деривацию текстообразующей:

> **Озеро** читают, не листая.
> **Сквозеро** читается **насквозь**!
> **Сквозеро**, кувшинка золотая
> **Сквозь** луну, надетую на ось
> **Сквозняка** дрожащих отражений,
> Где дрожащий лось напьётся всласть
> Лунным светом, смоет кровь сражений, —
> Жизнедрожь, она всего блаженней,
> Жизнедрожь сквозная, тайны власть,
> **Сквозеро**, читающее лося
> Зеркалами берегов, планет,
> Птиц, летящих с дрожью сквозь колосья
> Звёздных зёрен, где **озёрен** свет[55].

В этом тексте есть еще неологизм *жизнедрожь*, образованный на основе словосложения; вторая основа *дрож-* также мотивирована в тексте:

---

53 Соловьев (2015).
54 Строчков (2012).
55 Мориц (2014а).

Сквозняка **дрожащих** отражений,
Где **дрожащий** лось напьётся всласть,
[...]
Птиц, летящих с **дрожью** сквозь колосья...

В тексте также может раскрываться и образный потенциал контаминированной единицы. Так, С. Круглов сначала образует от слова *настоящее* при помощи суффикса -*сть* абстрактное существительное *настоящесть*, а затем порождает неологизм *настоящерность*, сливая в нем *настоящее* и *ящера*; в тексте же «настоящерность» за счет метафоризации получает признаки настоящего ящера:

Настоящесть, настоящерность!
Сожрала ты, хрустя, моё прошлое,
Рык твой сип, кожа бугорчата,
Мозг — мизер, рельефны лядвея,
Рост огромен, зубы — в два ряда,
Одномерна, назойлива,
Коридорами дней гонишь меня в будущее,
Которое будет ли,
Крушишь хвостом хвощи, плауны,
И дыхание твоё смрадное
Полнит мир, и мне — некуда!..

Настоящий ты ящер, грендель ты![56]

Отличительной чертой современной поэзии является то, образование дериватов может происходить от таких частей речи, которые ранее не были подвержены словообразованию. Это в первую очередь касается местоименных основ. Первенство в этом отношении, видимо, принадлежит Геннадию Айги: у него мы находим *чтотость, никакойтость, никчемность, нечтость*:

(с большим накалом чем точка-идея-сияние
чтотости мира...)[57]
— всю ту же **нечтость** Глыбы-Анонима
верней — Аморфности-да-Анонима-тьму![58]

Подобные образования специфичны и для В. Полозковой. Так, в стихотворении «Я твой щен: я скулю, я тычусь в плечо незряче...» поэтесса характеризует свое состояние разлуки с любимым:

Я картограф твой: глаз — Атлантикой, скулу — степью,
А затылок — полярным кругом: там льды; that'sit.

---

56 Круглов (2006).
57 Айги (2009, с.72).
58 Айги (2001).

> Я ученый: мне инфицировали **бестебье**.
> **Тебядефицит**.[59]

Первое производное образовано от предложной формы *без тебя* по модели существительного *безрыбье*, второе – голофрастическое слитное образование – сформировано по типу сращения (*тебядефицит*). В обоих случаях можно говорить не только о словообразовательной деривации, но и об образовании особого типа отместоименных существительных. У В. Полозковой находим также пример образования сложного существительного, первой частью которого является падежная форма личного местоимения: *Я тебя таскаю в венах, как похмельный* **тебяголик**, / *Все еще таскаю в венах. Осторожней, мой соколик*[60] (существительное *тебяголик* создано по типу *алкоголик, трудоголик*). В произведениях поэтессы обнаруживается большое количество подобных дериватов не только от личных местоимений, но и от относительных, вопросительных, притяжательных и неопределенных. Имеется даже подборка стихотворений под названием «Чьятость», смысл которого разъясняется в тексте строками стихотворения «Оглушительная твоязнь»: *Лишь бы билась внутри, как пульс, нутряная* **чьятость**. / *Долгожданная, оглушительная* **твоязнь**[61]. Для словообразования поэтессой выбраны местоимения женского рода (*чья, твоя*); оба производных допускают две мотивации. Дериват *чьятость* создан при помощи суффикса -*ость*, свойственного абстрактным существительным, и интерфикса -*т*- или образован от неопределенного местоимения *чья-то*. Дериват *твоязнь* — это контаминация притяжательного местоимения *твоя* и существительного *боязнь*, хотя возможна и прямая деривация от местоимения при помощи суффикса -*знь*, который представлен в ограниченном числе слов (*боязнь, болезнь, жизнь*), форма *твоязнь*, встраиваясь в эту парадигму, обрастает семантическими связями со всеми тремя существительными. Следовательно, *твоязнь* соотносится с такими проявлениями жизни, как болезнь и боязнь, хотя актуализация таких связей, возможно, и не входила в замысел поэтессы. В. Полозкова создает и слова по типу сращения, когда дефис служит показателем соединения местоименной и именной основ, например:

> Первой истошной паникой по утрам —
> Как себя вынести,
> Выместить, вымести;
> Гениям чувство **кем-то-любимости** —
> Даже вот Богом при входе в храм —
> Дорого: смерть за грамм[62].

---

59 Полозкова (2007).
60 Там же.
61 Там же.
62 Там же.

Оригинальное образование находим и у Н. Делаланд, созданное присоединением приставки *недо-* (обычно присоединяющейся к глаголам, придавая им значение неполноты, недостаточности действия) к относительному / вопросительному местоимению *где*:

> Для чего пришел
> солнышком из-за штор
> голеньким, как сокол,
> в сердце оценка — кол —
> за недожитый день,
> где теперь? **Недогде**[63].

Подобное же образование, только с неопределенной частицей *-то*, встречается у Аллель, в тексте которой оно получает словообразовательную мотивацию за счет глагольного ряда с *недо-*:

> сёстры-качели,
> вы недопели,
> вы **недогде-то**
> недоуспели,
> где-то кого-то
> недоузнали,
> недопоняли,
> недосказали...[64]

Еще более необычное образование от указательного местоимения здесь находим у Н. Азаровой – *нездесье*, образованное по типу *полесье*, *поднебесье*, т.е. существительных локативной семантики:

> севера-имитация
> желтой-о-солнце-вести
> **в-нездесьи**
> воздухом-отлетают
> морфоз-мета
> южным-неведом-ужас[65]

Местоименное происхождение глагола *уничтожить* обнаруживается в возвратной форме *вничтожиться* у Максима Амелина, имеющей значение «превратиться в ничто»:

> Что куплено и что скоплено
> легко без тебя растратится,
> что познано и что создано
> не вместе с тобой **вничтожится**[66].

---

63 Делаланд (2003а).
64 Аллель. (2007).
65 Азарова (2006, с. 32).
66 Амелин (2015).

Еще более интересную форму встречаем у А. Цветкова — сращение отрицательного местоимения и частицы *бы* приводит к образованию существительного *никтобы*:

> плюс совместится с минусом и вот
> останутся фантомные **никтобы**
> небабочки в прицелах нецветов
> и соглядатай слеп но только чтобы
> не человек не автор не цветков[67]

Существуют также примеры, когда отрицательные местоимения становятся частью сложного прилагательного:

> Летит сонет, как будто вкруговую,
> и — выбивает степень из нуля, **ничтообразна** для него земля,
> движения его подобны бую… (С. Бирюков)[68].

У А. Глазовой новообразования – отрицательные местоимения создаются присоединением частицы *не* к личным местоимениям, при этом часто используется дефис и редупликация:

> как в тот раз, когда не я мне, **не ты-ты**,
> **не не-ты, не не-не-ты**,
> когда ты,
> когда с третьей, с четвёртой попытки,
> ты сказал «ты»,
> так коснулись теперь
> моих, **не немых, не ненемых**,
> мы
> коснулись губами[69].

Параллельно образуются прилагательные, мотивированные местоимениями (*немых, ненемых* от *не мы*), омонимичные существующим: так оказывается, что все, что не подлежит совместности получается немым ('лишенным способности говорить').

У Ксении Щербино местоименные формы входят в состав сращений, составляя их основу:

> Голова плывет
> Орфеево. Классический пример
> **Без-тебя-фобии и бес-тебя-возьми-
> куда-ты-делся-мании**. Зима и
> меня знобит…[70]

---

67 Цветков (2010).
68 Бирюков (2009, с. 19).
69 Глазова (2008).
70 Щербино (2001).

Словообразовательная игра с местоименными корнями пронизывает все стихотворение В. Строчкова с неологическим названием «Можебытность невероятного»:

Всеньоры и всюдарыни, этимность этой темы
темна в своей которости и всеменем туга,
но всё ж отцы-снователи свистической свистемы,
кударники кому нести чего с кого туда,

не всехологизируя ввещение в себялишь
и наилучшизацию усамой плохизны,
но лишь всюдуфицируя вездейственность всегдалищ
этической затейности на право влевизны

брать глубость высокойности в стабилище бытийства
во всейной потомутности когдабельных всегдот
как гимн эсхатоложеству притуды этотиста
создать из плохорошева летальный антидот,

свидеют приблизистинно вездельно и всегдинно
с любовью ко Всевишнему в глупинах усердец
всего короткомокрого, а равно суходлинного
нигдейной никакойности всегдатость и вездец.[71]

Как мы видим, само стихотворение построено по типу заумного, хотя разрешается оно достаточно ясными отместоименными образованиями: *нигдейной никакойности всегдатость и вездец*.

Своеобразная словообразовательная импровизация характеризует стихотворение «Где» Ю. Мориц, в котором относительное / вопросительное местоимение *где*, выведенное даже в заглавие, служит первой основой для контаминированных образований — *гдетство, гдерево, гдевочка, гдействие, гденьги*:

Запах Днепра, в звёздах окно,
Киевом пахнет сирень.
Эта пора где-то давно,
Гдетства бегущая тень.

Где-то давно **гдерево**, где
Киевом пахнет каштан.
Гдевочки след в этой среде
Бегством от ужаса пьян,

Бегством от ужаса где-то давно,
Гдействие требует сил.
Где-то давно это кино,
Выдача в пользу могил,

---

71 Строчков (2010).

Словообразовательный уровень

Гденьги за выдачу, верба в воде,
Полный доносов баян,
Гдевочки след в этой среде
Бегством от ужаса пьян.

Памяти свет, огненный куст
Вырубить не топорам.
Гдерево звёзд, Андреевский спуск,
В небе Андреевский храм[72].

---

72 Мориц (2014б).

Лексико-семантическая организация текста

На лексико-семантическом уровне, по нашим наблюдениям, из-за установки на формальное преобразование единиц, сокращается значимость тропеических преобразований, а наиболее распространенными оказываются различные инновации, связанные с иноязычными вкраплениями, а также девиациями в технике референции. Особого внимания заслуживают преобразования, основанные на необычной сочетаемости слов, при этом собственно метафорический компонент в них может как выдвигаться, так и оставаться в тени.

Необычная сочетаемость может основываться на противоречии, которое выступает как поэтический прием и становится тропофигурой[73]. Семантика противоречия как отклонения от некоторой нормы находит в поэтическом языке отражение в синтагматических и парадигматических отношениях слов. Эффект возникает либо за счет возникновения единства противоположных, противоречивых начал, либо за счет референтного смещения. Так, у Н. Делаланд в одном контексте встречаются противоположные семантические сущности «здоровье» и «маразм», последний означает «психофизическое нездоровье»:

посмотри до чего глубоким
я маразмом уже здорова[74]

На пересечении противоположных признаков образуется оксюморонное словосочетание, которое выводит «маразм» из парадигматики «болезни» и вводит его в разряд нормативных жизненных состояний, ассоциирующихся со «здоровьем».

У В. Кучерявкина эффект противоречия возникает за счет несовместимости признаков «быстроты» и медленного движения, заложенного в глаголе «тащиться», причем в этом глаголе присутствует и признак «передвижения» по земле, что плохо соотносимо с понятием «времени» (оно обычно летит, как облака):

О Господи, красивы эти облака,
Которые порой зовутся тучи.
Как быстро время тащится, когда
Я вижу их над проходящими домами...[75]

В другом стихотворении Кучерявкина противоречие возникает за счет несовместимости признаков единичности «Я», от лица которого пода-

---

73 См. Новиков (1995).
74 Делаланд (2006).
75 Кучерявкин (2011).

ется действие «лежу», и способа протекания этого действия, подающегося в виде метаморфозы — *оравой*, означающей «беспорядочное и шумное скопление людей» и подразумевающей множественность:

А я лежу себе в кровати твёрдой
Какой-то праздной и орущею оравой[76].

В еще одном контексте Н. Делаланд:

смотри уже дремлет с дремучего дерева лист
с задумчивым креном к молчащему центру земли[77]

противоречие возникает, потому что вместо глагола динамического, направленного действия «опадает», которого требует сочетание предлога «с» с родительным падежом (*с дерева лист*), употреблен глагол статического действия «дремлет» ('находится в состоянии полусна'), что приводит к персонификации (листу присваиваются действия живого существа). Выбор же глагола «дремлет» можно мотивировать звуковым единством стиха (*дремлет с дремучего дерева*). Переходя ко второму стиху, имеем еще одно предложное сочетание, связанное с «дремлет» (*с задумчивым креном*), которое наравне с направленностью действия, возникающей из-за использования имени *крен*, усиливает персонификацию листа (*задумчивый*), одновременно подкрепляя звуковое единство стиха (*дремлет с дремучего дерева ...задумчивым*). Второе же сочетание с предлогом «к», обозначающим 'направление в сторону чего-н.' (*к молчащему центру земли*), уже полностью элиминирует статичность у глагола «дремать», делая его активным направленным действием, наряду с тем, что ему остается присущим и значение протяженности во времени, свойственное ему как глаголу состояния, которое в то же время усиливается и определением *задумчивый* в первой части второго стиха. Получается, что дремотное, задумчивое состояние листа получает направленность к центру земли, что в свою очередь подкрепляется общим названием книги «Сон на краю».

Показательно еще одно стихотворение Н. Делаланд, где противоречивость возникает за счет девиаций в технике референции, поскольку действие «замолкания» (прекращения говорения) несовместимо с характеристикой «многокомнатности», относящейся к величине жилого помещения, а процесс смотрения (*глядя*) плохо соотносим с характеристикой большого количества окон (*многооконно*), хотя здесь возможно возникновение метафоры «глаза-окна», разрешающей это противоречие:

говоря ветвисто, и **многокомнатно**
замолкая, и глядя **многооконно**[78].

---

76 Там же.
77 Делаланд (2014а, с. 15).
78 Делаланд (2003б).

Заметим, что разрешение противоречивых смыслов часто порождает метафору, как это происходит в неологическом словосочетании *прохладноглазые дома* у Б. Кенжеева, в котором уже окна уподобляются глазам, причем при соотношении с контекстом зимы — они становятся «прохладными»:

> Зима долга, и пир непрочен, в пыли тисненые тома,
> и к сердцу тянутся с обочин **прохладноглазые дома**[79].

Несмотря на то, что тропы в современном поэтическом тексте не играют первостепенную роль, бывают целые стихотворения, построенные на развертывании метафоры или сравнения, т.е. компаративных тропов, образующих сквозную образность текста. Возьмем, к примеру стихотворение В. Строчкова, построенном на параллельном развертывании темы смерти и снега:

> Уже **не вышло умереть, как снег,**
> **как первый снег,** легчайший, белоснежный,
> негрустный, беспечальный, как ночлег,
> наивный и случайный, как надежды.
>
> Но поздно даже **умереть, как снег,**
> **глубокий снег,** холодный и широкий,
> в котором птица, зверь и человек
> оставили следы среды, уроки.
>
> Осталось только **умереть, как снег,**
> **последний снег, нечистый снег,** набухлый
> и грузный, оставляя скользкий след,
> разводы, чуть похожие на буквы[80].

Поэт перечисляет, какая может быть смерть в разных возрастах, сравнивая ее с состоянием снега — в молодости, как первый снег, в зрелости, как глубокий снег, в старости — последний нечистый снег. Поскольку он не умер раньше и дожил до старости, то он констатирует, что ему остается умереть, как последний набухлый снег, оставляющий разводы, похожие на буквы.

---

79 Кенжеев (1991).
80 Строчков (2016).

Грамматический уровень организации текста

Что касается грамматического уровня, то специальному изучению подвергнуты такие явления, как конверсия и синкретизм знаменательных частей речи. Конверсия (транспозиция) — это способ словообразования, представляющий собой образование нового слова путём перехода основы в другую парадигму словоизменения. Таким образом, получившаяся лексема начинает принадлежать другой части речи. В современной поэтической речи наблюдаются разные виды конверсии: субстантивация, адвербиализация, «оглаголивание» форм других частей речи и др. Доминирует при этом явно субстантивация.

Субстантивации подвергаются неизменяемые наречия, которые начинают склоняться и приобретать определения-прилагательные:

Не отделаешься легким **вдругом**[81] (Н. Азарова).

На том пути любой преображен
и в силах приподняться **над сейчасом**[82] (Ю. Мориц)

Всё потом, потом — кто поставил в судьи
бедному сейчас невинное после?[83] (Г. Дашевский)

мы не можем так стоять **в золотом нигде**,
мы не можем так мерцать в ледяной воде[84] (В. Черешня)

Показателен также большой фрагмент у Е. Шварц:

Демоны и призраки
Подают нам весть,
Что у них движение —
Значит — Время есть.
Только там — мгновенно и медлительно,
Нежное, истомное — с трудом
Тянется, волочится. Стремительно
Наступает резкое «**потом**».

Там в вышине чужой ночами,
Где лунное мутней литье,
Ангел, вдохнув, у сердца качает
«**Здесь и сейчас**» бытие[85].

---

81 Азарова (2011а).
82 Мориц (эл. ресурс).
83 Дашевский (2001).
84 Черешня (2018, с. 232).
85 Шварц (эл.ресурс).

где элементы, указывающие на временные и пространственные координаты, сначала приобретают свойства существительного, а затем атрибутивные свойства (быть может, соотносится с *здесь-бытие* М. Хайдеггера).

Субстантивация присуща и неизменяемым местоимениям, которые начинают подвергаться словоизменению:

Чтоб тут же сделаться такой,
Какой мечталось — без синекдох,
Единой, а не в разных **нектах**[86] (В. Полозкова)

и глагольным формам, которые начинают использоваться с предлогами:

Я вылезла из шлюза
из «**плыть**»[87] (Н. Азарова)
время сплющено **в сплю**[88] (В. Гандельсман)

Однако происходит и обратное явление – существительные, подчиняясь синтаксической структуре текста, транспонируются в глагольные формы, прежде всего императива:

Такси меня куда-нибудь[89] (А. Левин)

Усадьба летом, **рязань**!
Хлебников, **каравай**
слово свое несъедобное!
Автобус, **трамвай**
все самое красное, сдобное![90] (А. Левин).

Уникальны формы, изобретенные В. Полозковой. Встраивая существительное память в глагольную парадигму на -*ять*, т.е. используя омонимию конечных элементов, она начинает его спрягать и образовывать императив:

Память — это глагол на «ять».
Памю. Памяли. Памишь. Памь[91].

Н. Делаланд, используя позицию рифмы, переводит существительное из шахматной терминологии *гамбит* в глагольную парадигму, используя омонимию конечных элементов:

Еще трепещет пульс, еще немного сбит
вдох выдохом, еще расплывчатая нега,

---

86 Полозкова (2007).
87 Азарова (2011а).
88 Гандельсман (2000).
89 Левин (1995а).
90 Левин (1998).
91 Полозкова (2007).

но зеркало кровать безжалостно **гамбит**,
где мы лежим конем, валяемся точнее[92].

Н. Делаланд также экспериментирует с конверсией словосочетания: она переводит *ухо тихое* в *тихо ухое*, взаимно заменяя конечные элементы слов. Таким образом, наречная форма приобретает признаки существительного и параллельно образуется ненормативное прилагательное *ухое*, произведенное только за счет введения ее в словоизменительную парадигму прилагательного:

И все, что я вспомню замертво, ты скажешь мне в **ухо тихое**,
прошепчешь мне в **тихо ухое**, в морскую улитку их...[93]

Посмотрим, как происходит нивелирование различий между частями речи и их транспозиция в целостной структуре текста. Для примера рассмотрим стихотворение поэтессы А. Альчук, которое выполнено в индивидуальной поэтической технике:

с...
дож дож дя
сквозь длиинлинии
листья
      шелистья
листья шёл(к)

плачщ потерялся сиреновый
в осенисотах[94]

Сразу обращает на себя внимание, что оно построено по принципу «обмолвки», «оговорки». Еще Р. Якобсон[95] в статье «Новейшая русская поэзия. Набросок первый: Подступы к Хлебникову» писал, что «синтаксис Хлебникова характеризуется широким использованием ляпсуса, оговорки». У А. Альчук мы имеем дело с «синтаксическим сдвигом» в другом ракурсе: «дроби диссоциаций легко комбинируются в новые сочетания»[96], смыкая словообразовательный и грамматический уровни поэтического преобразования и одновременно «озвучивая» их. И строение этих новых грамматических неологизмов подчиняется принципу порождения «обмолвок», описанному З. Фрейдом: обмолвки, в его понимании связанные с «расстройством речи», возникают под

---

92   Делаланд (2019б, с. 58).
93   Делаланд (2009).
94   Альчук (1994, с. 12).
95   Якобсон (1987, с. 290).
96   Там же, с. 295.

влиянием другой составной части той же речи — предвосхищением того, что следует впереди, или отзвуков сказанного, — или другой формулировкой в пределах той же мысли, которую собираешься высказать[97].

То, что австрийским психоаналитиком рассматривается как «расстройство», русской поэтессой принимается за творческую установку — неправильность вызывает усиленное внимание («деавтоматизацию восприятия» в терминологии первых русских формалистов) и заставляет воспринимать текст как рождающий на наших глазах новые смысловые и синтаксические связи между словами и этим трансформирующий реальность, за ним стоящую.

Мы даже не знаем, каким путем воспроизводить данный текст: он музыкален, его можно читать голосом, однако при этом стиховые связи, образованные его визуальным рядом, пропадут — ведь именно особая расстановка слов не только по строкам, но и внутри строк отражает их действительный смысл. Взаимопроникновение смыслов создается как благодаря перерастанию корней друг в друга, так и благодаря воспроизведению долготы звучания:

сквозь длиинлинии
листья
    шелистья

В то же время, благодаря ориентировке на запись звучания, снимается разница между отдельными частями речи — с одной стороны, вместо предикативной основы *листья шелестят* (N + V) мы имеем две номинативные формы *листья шелистья* (N + N), однако при этом не ощущаем потери «глагольности» и динамизма стиха; с другой, — введенный глагол *шёл* в строке *листья шёл(к)* является лишь одной из альтернатив прочтения. Эта смазанность грамматических форм (которые по своей сути являются «дограмматизмами») придает стиху визуальность и одновременно плавность смыслообразования. Она также позволяет дистантные предикативные соединения на звукописной основе (ср. *дож дож дя* в первой строке, а *шёл(к)* — в пятой), которые стирают границы между живым и неживым миром (ср. *дож* или *дождь* и его «шёлковое» действие; *плачщ сиреновый* — сирены, полуженщины-полуптицы, или сиреневый цвет), а также его звуковой или пространственной формой существования (ср. *плач* или *плащ*; пенье сирен или сиреневый цвет), создавая в одной строке несколько параллельных высказываний Получается, что тропы в подобном стихе уходят на задний план, а на первом — оказываются своеобразные «формотропы», в которых транспозиция формы определяет почти все семантические преобразования.

---

97 Фрейд (1989, с. 227).

Динамическая система связей и грамматических форм в стихе, безусловно, общая тенденция современной поэзии. Недаром для разделов своей книги «Биомеханика» (1995) А. Левин также выбирает визуальные операциональные термины, характеризующие его манеру письма, — «Лингвопластика» и «Пластилистика». В самой книге прежде всего обращает на себя внимание тот факт, что А. Левин, как и А. Альчук, стремится нивелировать различия между именем и глаголом и создать грамматическую неопределенность форм. Данная тенденция была подвергнута рефлексии еще И. Бродским, который создал классическую строку «*О, как из существительных глаголет!*». Сам Бродский, используя омонимию конечных формальных элементов прошедшего времени глагола с существительным, «исторически восходящую к синкретизму имени существительного, прилагательного и причастия»[98], даже вовлекает глагол в словоизменительную парадигму имени. Ср.:

Где? В он-ему-сказал'е или в он'е
[...]
Лишь в промежутках он-ему-сказал'а[99].

Так в поэме формируется целая парадигма, в которой на базе глагольного синтаксического комплекса, по мнению К. Проффера, создаются лейтмотивные языковые единицы, становящиеся «героями поэмы»[100].

А. Левин также использует подобную аналогическую омонимию: ср. его стихотворение «Разные летали», где, в подражание В. Хлебникову, в вертикальной структуре стиха на базе глагольной формы создаются существительные. Однако, если Хлебников использует в своем стихе действительно существующее название птицы — *свиристель*, то Левин выделяет позицию рифмы как сильную для частеречного преобразования. Ср.:

За окном моим летали
две веселые **свистели**.
Удалые **щебетали**
куст сирени тормошили[101].

Показательно, что данный эффект «существительного, из которого глаголет», возникает на конце строки и основан на разделении стиха на строки — ведь если читать строки с новообразованиями отдельно, то формы *свистели* и *щебетали* будут восприниматься как глагольные.

Переходность форм «глагол-существительное» связана с омонимичностью их конечных элементов *(-ил, -ал, -ел, -ул)*, однако исходно глагол и существительное имеют разные типы управления. На таком изменении

---

98   Зубова (1999, с. 203).
99   «Горбунов и Горчаков», Бродский (эл. ресурс).
100 Проффер (1986, с. 138).
101 Левин (эл. ресурс).

характера управления и построен частеречный сдвиг в другом стихотворении А. Левина, где глагольный ряд становится именным, во-первых, за счет использования родительного падежа, превращающего всю строку в генитивную метафору типа «пожар твоих серых глаз», «белизна лебединого тела», во-вторых, за счет аналогического повтора (7 раз) данных форм по вертикали, узаконивающих данный «сдвиг». Ср.:

Больше жизни и ярче брызни
полюбил твоих серых глаз
утолил твоих теплых уст
утонул лебединого тела
щекотал непослушных ресниц
пробежал незаметных часов
шелестел заоконной листвы

тише мыши и выше крыши
улетел моей головы[102]

Однако значение глагольности здесь все равно не исчезает, особенно при использовании глаголов несовершенного вида — в них актуализируется не присущая имени длительность (*щекотал, шелестел*), в глагольных же формах совершенного вида на первый план выходит значение «достижения результата», тем более что по мере развертывания текста любовь становится все более телесной и проникающей вовнутрь (*глаза — уста — тело*), доходящей до невозможности подняться на поверхность (*утолил-утонул*). Причем звуки «тела» организуют и звуковой ряд стиха так (*утолил-утонул-щекотал-шелестел*), что даже в заключительной форме «улетел», связанной с идеей «любовного полета», эта номинативная телесность, заданная формой *шелестел* (шелест+тел), все равно проступает (ср. улей+тел). Мы понимаем, что подобное использование форм на -л имеет своей целью также превратить первый звук слова «любовь» в ключевой, при этом синкретизм имени и глагола динамизирует сам процесс рождения образности на основе генитивной метафоры, делает подвижными роли субъекта и объекта действия. В то же время благодаря использованию родительного падежа имен в тексте задается игра и на категории одушевленности-неодушевленности в случае их сочетания с переходными глаголами. Ср. *полюбил твоих серых глаз, щекотал непослушных ресниц*. Причем каждая из этих новых глагольных генитивных метафор полноценно проявляет себя только в контексте себе подобных, именно за счет иконического выстраивания последовательности «осуществляемых» и «осуществленных» действий (как в знаменитой фразе *Пришел, увидел, победил*), только не по горизонтали, а по вертикали.

---

[102] Левин (2003).

Безусловно, механизм нейтрализации грамматической «глагольности» у А. Левина и у А. Альчук разный — поэт ничего не меняет в строении слов, а играет на их внешнем сходстве, поэтесса же вносит в порождение новых структур элемент формотворчества. Однако ошибкой было бы думать, что стремление нейтрализовать частеречную классификацию у А. Левина основано только на омонимии форм. Так, в стихотворении «Суд Париса» подобные грамматические неологизмы оказываются носителями межтекстовой связи. Это стихотворение А. Левина является пародийным переложением стихотворения «Весенняя гроза» Ф. Тютчева. У Левина глагольные (деепричастные) формы, заимствованные из текста классика, написаны с заглавной буквы — при внимательном чтении они оказываются именами собственными трех богинь (соответственно, судя по заглавию, Афины, Геры, Афродиты — *Резвяся, Играя, Смеясь*). Ср.:

> Когда **Резвяся** и **Играя**
> танцуют в небе голубом,
> одна из них подобна снегу,
> другая — рыжему огню.
> [...]
> а третья льется, как простая
> громошипучая вода,
> **Смеясь** зовется[103].

Как мы помним, первые два деепричастия у Тютчева соотносятся с грохотом грома, последнее — с ветреной Гебой, которая *Громокипящий кубок с неба, / Смеясь, на землю пролила*. Такое интертекстуальное «вторение» вызывает в тексте новые преобразования: косвенная падежная форма *Громам* также становится именем собственным (*все вторит весело Громам ... Громам все вторит, вторит*), которое, как эхо, отражается в строке «огро-омным яблоком в руках».

Лежащая в основе игровых грамматических неологизмов «Суда Париса» Левина интертекстуализация выводит на поверхность не только «вторичность» вновь созданного текста (недаром в новом тексте «все вторит, вторит»), но и подвижность грамматических признаков по оси «номинация — предикация». Подобная «вторичная номинализация» основана на переосмыслении формы слова, которая, будучи перенесена из одной грамматической парадигмы в другую, становится лишь формальной звукобуквенной оболочкой «подвижного содержания». Семантическое наполнение этой формальной оболочки определяется новым контекстом, однако в ней не исчезает «память» о прежних, нормативных кон-

---

103 Левин (1995б).

текстах, и создается эффект «просвечивания» одной формы через другую. Л.В. Зубова[104] даже считает, что частеречная трансформация представляет собой особый троп в современной поэзии.

Знаменательна также эмансипация служебных частей речи (предлогов, частиц, послелогов), нивелирование различий между самостоятельными и служебными частями речи. Соединенные дефисами предлоги могут создавать аналог наречия: Ср. наречие из предлогов у К. Кедрова:

солнечно от луны плыть
в-до-себя-из
Богу неизреченно[105].

В поэтическом тексте предлоги могут менять свое препозитивное положение на постпозитивное, становясь как бы послелогами, при этом выражаемое ими отношение синтаксической зависимости попадает на границу ряда и становится самостоятельно значимым. Ср. у В. Кальпиди:

Это страх одиночества **не**.
Это песенка нежности **о**.
Нам бежать по своей тишине
окончания августа **до**.
[...]
К полке книжной шагнуть или **от**?
Там в батырской обложке Батай,
да бесплодно грустит Элиот,
что опять на земле — урожай.
[...]
Же любил я тебя оттого,
что ни разу не знал, почему.
И отдал я тебя нелегко,
но теперь не припомню, кому[106].

Частицы же, меняя свое обычное положение на постпозитивное (*одиночества не*) или препозитивное (*же любил*) и также попадая в сильную позицию на границу ряда, влияют на субъективно-модальные и коммуникативные свойства текста, акцентуируют утверждение и особенно отрицание. Ср. у А. Санникова: *я Есенин я умер мне* **страшно мне не**[107]; у Б. Шифрина: *и это всё / это всё / я понимаю* **не**; у В. Кальпиди: *Мир требует моей любви и страшной благодарности, / а я не выучил любовь и благодарен* **не**![108]

---

104 Зубова (1999).
105 Кедров (1991, с. 89).
106 Кальпиди (2003).
107 Санников (2007).
108 Кальпиди (2003).

У С. Бирюкова частица «не», выведенная в заглавие «Не прерывайся», даже выстраивает целый автономный стихотворный ряд:

прерыв не пре
не прерывайся
ступенями стиха
к вершине вей
таись внутри
в безмолвии
скрывайся
не прерывайся
не не не не не[109]

Об отрицании в постпозиции см. Азарова[110]. Она же выделяет специально и еще одну сильную позицию для *не* в позиции анжамбемана и пишет, что

отрицательный анжамбеман становится популярным формальным приемом в поэзии конца XX – начала XXI в.: *сквозь нас // проплывают и дышат // рыбы // и тонет // никак-не-утонет // Солнце // мы не // умерли* (А. Зеленова)[111].

Еще примеры на абсолютное употребление предлогов:

Убегающий **от**,
ускользающий **за**,
зажимающий рот,
отводящий глаза (В. Черешня)[112]

Печальный Пушкин
площадью **над**
площадь площе сковороды блинов **для**
площадь почти машин **без**
на Тверской уже ночь, глянь —
Пушкин влево глядит
ресторан Пушкин там
человек выходит дверей **из**
блины с икрой у него внутри
водка греет нутра низ (Е. Кацюба «Площадь ночью»)[113]

Предлоги, как и другие части речи, подвержены конверсии – чаще всего субстантивации, как у О. Пащенко:

им надлежит: нащупать выключатель
на яркий день взглянуть **с-над** горизонта

---

109 Бирюков (2012).
110 Азарова (2010а).
111 Там же, с. 41.
112 Черешня (2018, с. 252).
113 Кацюба (2017).

на жаркий **под** нацелить хладный **между**
и всё испортить меркнущей рукой[114]

Приобретая значение имени и обрастая определениями, они таким образом из служебной части речи превращаются в самостоятельную, выражающую абсолютные отношения между сущностями. Похожую функцию выполняют и предлоги в тексте В. Павловой, попадающие на границу ряда и в позицию рифмы:

Птица на ветке — нота.
Птица в полёте — пауза.
Март. Перелётных забота,
где угнездиться — **на**, **у**, **за**[115].

У А. Драгомощенко в начале цикла «Настурция как реальность» предлоги как самостоятельные сущности помещены даже в кавычки, при этом создается образ «обоюдоострых предлогов»:

Опыт
описания изолированного предмета
определен предвосхищеньем итога —
взглядом через плечо другого.

Настурция состоит
из дождливой прорвы окна
для себя самой «**до**»,

для меня — «**за**». Кому достоянье
рдеющей дрожи
спрессованного обнажения
в проеме обоюдоострых предлогов

створчатой плоскости,
прозрачность
разящей
стекла?[116]

В тексте Н. Азаровой предлог «у», также тяготеющий к началу или концу ряда, по ходу развертывания текста приобретает значение «у-функции» и «структуры у», при этом обостряется и восприятие «у» как ключевой звукобуквы текста:

у белоскалого начала суммы
у — функции отвесных мхов
    скрытный орёл запущен
    в безводный водомёт

---

114 Пащенко (2002).
115 Павлова (2014).
116 Драгомощенко (2000).

> у проёма француз минутный
> звук хочет снять с пластин
> криво-стоял куском структуры у
> вселенная из тонкой выси шевелилась щелью
> застревая сочится струйкой
> мощь по складке у
> у — сумерки кочуют
> накопленной вершиной порослью отдельных у[117]

Предлоги могут даже становятся полнозначными элементами, на основе которых образуются образы сравнения, включая их звуковую составляющую, как например, у Л. Аронзона:

> Как предлоги сквозь и через
> лед извилистых ручьев,
> зимний воздух у деревьев
> на синюшность обречен[118].

Также могут нивелироваться различия между приставкой и предлогом, как в стихотворении Е. Риц «Про странство»:

> Моё пространство — как яйцо на нитке,
> Моё пространство — как лицо на ветке[119].

Особый интерес представляет случай превращения приставки в своеобразный послелог. Так, в стихотворении «Беломорканал» (2005) Н. Азаровой воспроизводится реальный процесс «отделения» одной формы от другой с помощью отрыва приставки и присоединения ее к предшествующей лексеме, так что акцентируется значение отделения именно от определенного объекта (берега), а не сам факт отправления корабля:

> от-берега-ото   шли
> от-берега-от   выкли[120].

Нивелирование различий между служебными и самостоятельными частями речи может задаваться в самой структуре стиха. Причем, чем членение текста более дробное, тем смыслоразличительные признаки «самостоятельности» менее релевантны. Ср., к примеру, стихотворение Ульяны Заворотинской под названием «ЛИ»:

> и не разобрать у-
> же
> же-
> нское
> мы
> ли

---

117 Азарова (2014).
118 Аронзон (1962).
119 Риц (2005).
120 Азарова (2007).

я
ли
ты
ли

ли-
ца
ли-
ниям-

и
и-
юльскими
ли-
вням-
и
и
ли-
стьями
ли-
пы
ли-
ли-
ями
лелею теб-
я
я

любименя[121]

Как мы видим, в стихотворении превалирует вертикальный ряд, в котором нивелируются различия между частицами (*ли, же*), союзом (*и*) и частями полнозначных слов, в которых данные элементы входят в состав корня (*лица, линиями, ливнями, листьями, липы, лилиями; женское*), так что иногда возможно двойное прочтение (*мы ли — мыли, ли я — лия, ли ты — литы, липы — пыли* и т.д.). Создается впечатление, что текст как бы состоит из простейших элементов, которые образуют вариативные словесные конфигурации. Возникают словесные элементы, которые переливаются друг в друга, и возникает несколько параллельно существующих слоев текста, воздействующих симультанно (недаром текст с самого заглавия предлагает альтернативу — ЛИ). Поэтому реальные грамматические связи ослаблены и специально дистанцированы (*лица линиями...лелею тебя*).

Специального изучения заслуживают трансформационные возможности каждой из частей речи. По нашим наблюдениям, с точки зрения

---

121 Заворотинская (2005).

преобразовательного потенциала наиболее подвижными категориями оказываются род у существительных, вид, залог, возвратность, переходность-непереходность у глаголов, степени сравнения и краткие формы у прилагательных.

Обратимся к категории рода у существительных.

Ее относительная подвижность позволяет говорить о том, что она заключает в себе большой образный потенциал[122]. Большинство примеров по трансформации категории рода связано с омонимичными финалями мужского и женского рода на мягкий знак. Так, А. Вознесенский намеренно меняет род существительного *зверь* с мужского на женский, чтобы подчеркнуть женскую половую принадлежность модели художника:

> Ты кричишь, что я твой изувер,
> и, от ненависти хорошея,
> изгибаешь, **как дерзкая зверь**,
> голубой позвоночник и шею[123].

Надо заметить, что такая девиация объяснима с точки зрения языка, так как в нем существует целая парадигма склонения существительных женского рода, оканчивающихся на –ь (ср. *дверь*). При этом отметим, что *зверь* мужского рода более подходит для формирования рифмы со словом *изувер*; значит, Вознесенский скорее задумывался о смысле, чем о форме.

Такую же родовую трансформацию можно обнаружить и у А. Месропяна (2007), но уже по отношению к неодушевленному существительному *дождь*, которое олицетворяется в обращении:

> бедная моя дождь
> начнется под вечер и хочет спать
> невыносимо только сна ей не будет ноч стоит[124]

При этом *ночь* женского рода превращается в *ноч* мужского за счет усечения конечного мягкого знака (ср. *светоч*). Подобная мена показателей рода вносит в текст динамику, так как в плане произношения лексема *дождь* созвучна лексеме *дочь*, что позволяет наделить «родством» это природное явление.

У Н. Делаланд находим обратную родовую трансформацию: существительное женского рода меняет свой род на мужской (*таинственный осень*) с опорой на то, что существительные мужского рода второго склонения имеют также «мягкую» парадигму склонения (существительные на -ь, ср. *конь*):

---

122   О подвижности категории рода в современной поэзии см. работу Л.В. Зубовой (2006б); а также Богатырева (2008).
123   «Художник и модель», Вознесенский (1973).
124   Месропян (2008).

> Лесов таинственный осень
> резной прозрачный сухостойный
> дыши листвой не окосей
> **от столька**
> Но запах втеплится в нору
> между корою и грибами
> ляг на живот его берут
> губами
> Там пушкин спит и тютчев спит
> и мандельштам иосип бродский
> заснул устав бороться с ним
> устал бороться
> Роняют руки свет несут
> **прозрачнеют** и снега просят
> и держат держат на весу
> **осенью осень**[125]

Заметим, что первая строка, где встречается девиантная форма рода, является аллюзией к пушкинской строке *Лесов таинственная сень* (имя Пушкина упомянуто в тексте среди других поэтов, поданных с маленькой буквы), так что здесь осознанность игры на роде очевидна, тем более что в конце стихотворенья осень уже оказывается нормативного женского рода (*держат на весу осенью осень*). Как мы видим, в этом тексте еще есть несколько девиаций (*от столька* — разговорная форма от несклоняемого *столько*, *прозрачнеют* — неологическое образование по типу *синеть*, *светлеть*; *осенью* — сокращенный вариант от *осеннюю* и др.), что создает общий девиантный фон стихотворения.

Несколько с другим явлением встречаемся в другом стихотворении Н. Делаланд, у которой девиантность родовой формы основана на том, что существительное *снега́* во множественном числе мужского рода становится собирательным существительным женского рода *сне́га* также из-за омонимичности флексии *-а*. При этом женский род этой формы многократно обыгрывается подстановкой к *сне́га* глагольных форм прошедшего времени на *-ла*[126], в том числе образованных путем расчленения слова *у-ста-ла* на слоги и вставки этих элементов в начало, середину и конец строки, в которой фигурируют глаголы на *-ла*, за счет чего происходит редупликация этого конечного элемента:

---

125 Делаланд (2012).
126 Показательным в этом смысле является стихотворение Вяч. Иванова «Славянская женственность»(1910), где комплекс *-ла* не только является показателем глагольных форм женского рода, но и организует звуковую структуру текста: *Как речь славянская лелеет / Усладу жен! Какая мгла /Благоухает, лунность млеет/ В медлительном глагольном ла!/ Воздушной лаской покрывала/ Крылатым обаяньем сна /Звучит о женщине она/ Поет о ней очаровала.*

Ночью **выпала снега** — немного, мало —
бесконечная полночь ее лила,
ночью **выпала снега** — она устала,
у — лежала — ста — столько лежала — ла,
отдыхала, копила бессилье таять,
растекаться по древам, шизея над
оглушенными улицами, летая,
подметая и падая в снегопад[127].

У Е. Фанайловой встречаемся с другим явлением — в тексте, написанном от первого лица женского рода, благодаря использованию прилагательного женского рода (*огненная*) в образе сравнения *огненная столп* с ключевым компонентом мужского рода *столп* (берущим свои истоки в библейском тексте — с *огненным столпом* ассоциируются образы Бога и ангела[128]) акцентируется женское начало и соотнесенность с субъектом женского рода:

Была я здесь и буду
Как проводник и счастья и печали
Как огненная столп существования
Как мертвая душа сомнения
Как дерево воды в пустыне[129]

В другом стихотворении Фанайловой игра идет на том, что дьяволу в негативном плане приписываются качества, поданные в женском роде (*Он же не идиотка*), а не в мужском (*идиот*), при этом, видимо, это половое различие считается значимым в аспекте поведения, тем более что сразу далее вводится сравнение (*нежный как девушка*):

Работа любви важнее и тяжелее работы ада
Но если кто думает, что Дьявол не существует
Это удивительная наивность
Нет, каждый день тут как тут
Заигрывает с живыми, это его работа.
Никогда не покажет себя во всей красе тем, кто его боится
Он же не идиотка.

Нежный как девушка, пронырливый, как торговец
Нужным всегда товаром, отец зашкварам,

---

127 Делаланд (2019a, с. 113).
128 «И двинулись сыны Израилевы из Сокхофа и расположились станом в Ефали. Господь же шел пред ними в столпе огненном, светящем, дабы идти им и днем и ночью. Не отлучался столп огненный и столп» (Исход 13:20-22); «Видел я Ангела [...], сходившего с неба [...], и лицо его как солнце, и ноги как столпы огненные» (Откр. 10:1).
129 Фанайлова (2019).

> Убедительный, как мертвые родители
> Непререкаемый как начальник[130]

Теперь мы хотим коснуться другого аспекта — как поэты борются с тем, что родовое значение не совпадает с образным представлением, требующим соотнесения с противоположным полом. В тексте данное явление специально обыгрывается в метаязыковом плане. Обнажение этого приема находим в шутливом стихотворении Максима Бородина, где игра строится на желании женщин называться словом поэт, а не поэтесса, что порождает ненормированное согласование:

> Подарил свою книгу поэту Ю.
> Надписал:
> **«самой красивой поэту…»**
> Почувствовал покалывание в сердце.
> Опять орфографическая ошибка
> всей моей жизни?[131]

Т. Кибиров в стихотворении «Задушевная беседа» иронически играет на том, что постоянный женский адресат поэзии очень трудно назвать иначе, как именами мужского рода (*предмет, объект страсти*), и из-за этого возникают сложности в его опознании:

> **Предмету страсти** я сказал:
> «Послушай-ка, предмет!
> Не я ль тебя одушевлял
> В теченье стольких лет?
>
> Я душу вкладывал свою
> **В бездушную тебя!**
> И что ж? Теперь я слезы лью,
> Всю душу погубя!»
>
> **Но вожделения объект**
> Резонно отвечал:
> «А кто просил, чтоб ты, субъект,
> Меня одушевлял?
>
> Давно и без тебя, глупец,
> Бессмертной и живой
> Душой снабдил меня Творец.
> Не стой же над душой!»[132]

---

130 Там же.
131 Бородин (2006).
132 Кибиров (2014).

Одновременно идет игра на «одушевлении» объекта, когда имеет место осцилляция между грамматическим (*одушевлял*) и лексическим (*вкладывать душу*) значением этого термина, при этом проявляется женский род адресата-объекта: *Я душу вкладывал свою В бездушную тебя!*

Вере Павловой приходится трансформировать род существительных в соответствии с теми образными представлениями, которые возникают в структуре текста. Так, поэтесса в поисках сексуализации телесности отказывается от среднего рода лексемы *тело* и придает ей свойство «женскости», называя тело *умницей, подружкой* и *красавицей,* и вводит согласование по типу женского склонения (*красавице моей, послушной, чуткой*):

> Время измерения
> тоже следует учесть:
> 26 умнице моей —
> ибо тело мое не среднего рода —
> красавице моей, послушной, чуткой...
> Подружка! Кто научил тебя
> вовремя поднимать ножки и,
> кончая, кричать, окликать
> отлетающую душу?[133]

В другом стихотворении В. Павлова, играя на том, что смерть в мифологии представляется как в женском, так и мужском обличии, стремится преодолеть грамматический женский род слов *смерть, погибель, кончина,* придавая своему образу смерти мужские черты щеголя:

> Смерть, погибель, кончина...
> Но меня не обманешь родом,
> я знаю: смерть — мужчина,
> щеголь рыжебородый,
> надушенный, статный, еле
> заметно кривящий губы...
> И так он меня полюбит,
> Что больше не встану с постели[134].

Интересно и явление своеобразного Gender Shift, когда мужчина говорит о своем стремлении стать женщиной. С ним мы встречаемся у В. Кальпиди в стихотворении «Желание быть женщиной меня...». Поэт воображает состояние, когда он «женщина», и говорит о себе самом в женском роде (*я помогаю быть самой себе*), а мужское начало отходит на задний план (*загадочный мужчина сидит в углу троянского коня, изображая жестами меня*):

> Желание быть женщиной меня
> перемещает в сторону огня,

---

133 Павлова (1997).
134 Там же.

на кромку исполнительного неба.
Газообразна ангельская кровь,
не испаряя первую любовь,
она числом равна началу хлеба.

Когда я женщина, я помогаю быть
самой себе и начинаю плыть,
а маленький, загадочный мужчина
сидит в углу троянского коня,
изображая жестами меня,
и плавится в паху его причина[135].

Поэт познает также само начало женственности, считая это свойство скорее присущим мужчине, и в конце концов заключает, что, родившись женщиной, он проживает жизнь мужчиной, который, точно ангел, исчезнет «за пленкой бытия»:

Когда я женщина, я трогаю детей
и узнаю, что женственность, скорей,
мужчины свойство, т.е. принадлежность,
покудова не ясная для всех...
кому мне объяснить, что страшный грех
ее транжирить на слепую нежность.

О женщина, кромешная руда
рождения (вначале в никуда,
потом в себя, потом в гнилую глину,
пока густая пена молока
изнанкой, пузырящейся слегка,
становится моим глотком недлинным).

Отравленный причиной красоты
и красотой, в потоках пустоты
я двигаюсь по граням истерии,
а женщина, волшебная, как смерть,
мужскую жидкость превращает в твердь,
включая целку римлянки Марии.
[...]
Родившись мокрой женщиной, живу
сухим мужчиной — тайна наяву
всегда глумленью над собою кратна —
родившись женщиной, прожив мужчиной, я
исчезну ангелом за пленку бытия —
попробуй убедить меня в обратном[136].

---

135 Кальпиди (1997).
136 Там же.

Однако вернемся непосредственно к грамматике. Часто грамматические явления предстают во взаимодействии со словообразовательными и лексико-семантическими. Обратимся к тем грамматическим девиациям, которые при взаимодействии со словообразовательным и лексическим уровнями реализуют изобразительные и креативные средства языка.

Прежде всего мы обратимся к окказиональным возвратным глагольным формам, демонстрирующим подвижность категорий залога и переходности на фоне общей обратимости субъектно-объектных синтаксических связей. Возвратность тесно связана с категорией залога, так как возвратные глаголы различаются между собой по активности-пассивности субъекта или объекта. Особенностью поэзии является еще и особая имагинативная природа таких форм, так как, создавая поэтическое высказывание от «Я», поэт производит конверсию или трансформацию семантических ролей прежде всего в ментальной области — ведь в этом случае не существует никакой заранее заданной референтной ситуации. Наоборот, грамматические сдвиги как раз задают некоторую еще не бывшую расстановку актантов, порождающуюся именно в ходе данного речементального поэтического события.

Так, у В. Строчкова в стихотворении «Сын снов» (2011) обнаруживаем необычный возвратный глагол *заснусь*, в котором состояние сна рефлексивно замыкается на самом субъекте (ср. далее — *засунусь в сновиденье*); при этом внимание обращают на себя и две формы императива *не спи, не усыпай*, приобретающие в данном контексте каузативную семантику и необычную для них переходность:

Не спи меня
Не усыпай меня
Я сам заснусь засунусь в сновиде́нье
в сновиденье   Я высуну со дня
и поведу за ручку наблюденье[137]

Помимо этого, данное четверостишие отличает сквозная паронимическая аттракция, благодаря которой усиливается рефлексивная семантика.

Неконвенциональные рефлексивные формы глагола со значением «постепенного убывания жизни» встречаем у В. Черешни:

Живёшь, живёшь, и обжигаешься
вдруг ужасом, что не живёшь,
а потихоньку **умираешься**
и полегоньку **исчезаешься**, —
не человек уже, а дрожь.
[...]
Пока наощупь разбираешься
между «живёшь» и «не живёшь»,

---

137 Строчков (2011).

> скукоживаешься, **смеркаешься**,
> закатным отсветом теряешься,
> дня позолоченного грош.[138]

Звуковая организация текста с аллитерацией на шипящие *ж* и *ш* создает иконичность высказывания – она передает ощущение внутренней дрожи субъекта. В конце стихотворения используется безличный глагол *смеркаешься*, который в данном тексте обретает субъекта.

Рефлексивная форма глагола задает и необычный ракурс ситуации «крика» у Марианны Гейде в стихотворении «Телеобозрение»:

> двое пришли и украли крик.
> в рабочей одежде, как будто бы так и надо, украли крик.
> а он продолжал **кричаться**.
> как такое могло случиться?[139]

В данном контексте становится непонятным, кричит ли сам крик, обращая себя на самое себя, или кричит изо всех сил некий человек, подобно тому, как это визуально воплощено на картине Э. Мунка «Крик».

Особый интерес представляют и собственно словообразовательные неологизмы, имеющие возвратную форму. К примеру, Надя Делаланд на основании семантического стяжения изобретает компрессивный вариант фразеологизма «метать бисер перед свиньями»:

> **Бисерясь.** Ну и чего же ты **бисеришься**
> перед свиньями, у которых окорока
> не ампутированы...[140]

В итоге получается удвоенная форма *бисерясь, ты бисеришься*, вторая часть которой сходна по звучанию с *бесишься*, так что даже ее можно счесть за контаминацию слов *бисер* и *беситься*. Однако контаминации мешает то, что значение глагола *бисериться* сопротивляется медиальности, т. е. протеканию действия в самом субъекте, так как имеется предложно-падежная форма, зависимая от этого глагола (*перед свиньями*).

С контаминированной возвратной формой *змеемся* мы встречаемся у Анны Логвиновой. Эта форма по своей сути становится энантиосемичной: в ней семантика смеха сочетается с семантикой зловредности змеи, причем возвратная форма подразумевает симметричность действия:

> Я на зебрах на пишу свое кредо.
> Лишь на заячьих листочках капустных.
> Мы **змеемся** каждую среду,
> но зато по четвергам нам мангрустно[141].

---

138 Черешня (2018, с. 291).
139 Гейде (2006).
140 Делаланд (2002).
141 Логвинова (2004).

Инновации создаются и в случае, когда к возвратным глаголам присоединяются аффиксы, меняющие семантику исходного глагола на противоположную, при этом актантная структура сохраняется. См., например, стихотворение М. Амелина «Случайная музыка»:

> Нежно-розовый нехотя исчезает под густо-лиловым, —
> зазеваешься, кажется, и не сыщешь дороги туда,
> где случайная музыка не успела с умышленным словом
> разминуться, **развстретиться**...[142]

Присоединяя приставку *раз-* к возвратному глаголу *встретиться*, обозначающему взаимно-возвратное действие, поэт достигает оксюморонного эффекта — уничтожения «взаимности» и усиления семантики «разъединения» по отношению к *разминуться*.

Таким образом, можно констатировать, что в поэтической речи возвратность может получать статус не только словоизменительной, но и словообразовательной категории, а возвратные формы глаголов образуют грамматические тропы, обнажая креативный потенциал таких форм.

Что касается отмеченного нами взаимодействия словообразования и словоизменения, то с этой точки зрения очень показательны случаи, когда поэты, экспериментируя с категорией возвратности, наоборот, элиминируют возвратную частицу у возвратных глаголов.

Так, Е. Шварц, выстраивая глагольный ряд, лишает возвратности форму *дождусь*, отсекая постфикс *-сь*, и соответственно отказывая этой форме в рефлексивности, при этом, благодаря паронимической аттракции устанавливается «теснота стихового ряда», в рамках которой форма *дожду* получает то же управление, что и форма *доживу* (*доживу, дожду до* + род. п.; при этом невозможно *дождусь до*):

> Вот не думала, что **доживу, дожду**
> До подгнивших слив в дрожжевом саду,
> До августовской поворотной ночи, когда
> Червь не минует ни одного плода[143].

Выбор этой формы также диктуется рифмой.

У В. Черешни возникает форма *приснить* с потерянной возвратностью, но зато с возникшей переходностью, что ведет к расщеплению "Я" на субъект и объект:

> Снится сон на краю себя: будто не я —
> кто-то другой жил,
> тягостно тянется колея;
> **кто этот сон приснил**,
> как ты, бедняга, в него попал?[144]

---

142 Амелин (2012).
143 Шварц (1993).
144 Черешня (2018, с. 265-266).

Возвратность может задаваться не только возвратной формой глагола, но и просто возвратным местоимением. В этом случае возникает тот же эффект раздвоенности «Я», что мы встречали в возвратных формах. Так, к примеру, у Г. Каневского раздвоенность связывается с семантикой потерянности, забывания и, как у Черешни, семантикой сна:

> ...я потерял поющего себя
> в двенадцатом квартале, когда шел
> почти на ощупь к набережным
> [...]
> **рифмующего я себя забыл**
> на лавочке, там, где служебный вход,
> [...]
> **спящего себя**
> я той же ночью обогнал во сне
> и недоумевал, шагая в небо,
> зачем он так плетется, почему
> я не могу слегка замедлить шаг
> и подождать, растяпа[145].

Данная коллизия расшифровывается в тексте Н. Делаланд, где вопреки Декарту семантика разъединения мысли и существования выходит на передний план:

> Я думаю. Тише. Тссс! Тише, я мыслю,
> но не существую — расстаться так просто,
> расслабиться, словно осенние листья,
> и падать, ронять, **разбивать себя**, осень[146].

Семантика возвратного местоимения *себя* и метаморфозы, с ней связанные, особо интересны в поэзии А. Глазовой. Особенностью этого местоимения является то, что оно создает как бы раздвоение «Я» или субъекта основного действия, порождая его alter ego. Формально будучи объектом основного действия, *себя* «семантически ведет себя как второй субъект», порождая во всей конструкции свойство «самосубъектности»[147].

По мнению Е. Сусловой, поэтическому стилю А. Глазовой присуща «тотальная рефлексивная обращенность на себя» (Е. Суслова). И действительно, поэтесса при помощи возвратного местоимения *себя* все время говорит о попытках выйти за пределы собственного «Я», а затем возвратиться в себя, но уже прошедшего через время. Прежде всего она упоминает о наличии возможности выйти из себя (*выходи из себя как если бы есть куда, будто за простором — бесследность*[148]), причем не только в пространственном отношении, но и временном, когда в себе

---

145 Каневский (2017).
146 Делаланд (2019a, с. 62).
147 См. Чепасова (2016).
148 Глазова (2014, с. 24).

происходит рост времени, делающий «я» по отношению к прежнему «я» уже прошедшим:

> исчезновение времени
> пока ты о нём забываешь:
> оно проходит
> а ты по нему идёшь
> как по лесу —
> **время растёт**
> **на себе же, прошедшем**[149].

Возвращение же к себе и в себя делает человека «старше собой»:

> один человек
> устал от холмов и оврагов
> и стал водомером:
> у реки замирал,
> ее чувством охвачен,
> **а когда возвращался в себя,**
> становился
> **старше собой**[150].

Эти превращения происходят часто и во сне, когда человек как бы поднимается над самим собой:

> ты и спать ложишься
> чтобы и лечь **и над лежащим подняться**
> **собой**[151].

В то же время для познания себя, по Глазовой, нужно стать на «чужую» точку зрения, начать воспринимать себя с точки зрения второго лица «ты» не как *себя*, а как *тебя*, и, только когда возникает возможность неузнавания себя, то можно стать «другим»:

> чтобы знать, нужно стать
> для себя **чужим**,
> значит, сознать, **ты и тебя**.
> чтобы стать — **перестать**,
> себя узнавать,
> **быть и сбыться другим**[152].

У Андрея Таврова также выражено стремление определить себя по отношению к себе, которое принимает несколько другие формы. Это и попытка узнать себя, зайдя за свои пределы:

---

149 Глазова (2018).
150 Глазова (2017a, с. 8-9).
151 Там же, с. 31.
152 Глазова (2017б).

> себя узнавая как **край, выступивший за край**
> **себя самого как карта, как синева**[153].
>
> **Себя закинуть за себя**, откуда вышел
> весь в черновом огне и крике головы[154],

стать частью себя:

> поэт есть горб себя[155],

соединиться с самим собой, разбитым на части (для этого используется и возвратная форма глагола *сошелся*):

> Я **сошелся в себя собой**, словно глаз Циклопа —
> только во лбу у него. Он бродит мысом
> и дудочку мастерит, чтобы в центр циклона
> языком продвинуть снег-поцелуй, что высох.
>
> Скоро осень. Кем я был прежде, не помню,
> дробился и распадался, как бот в цунами, на части.
> И только во лбу у него **собою я жив и полон**...[156],

вынуть себя из себя, подобно слову:

> **вынь из себя себя** из слова все слова[157],

стремление быть необнаруженным самим собой по отношению к себе:

> не обнаружить **себя не обнаруженным собою собой**[158],

попытка избыть самого себя в себе:

> Себя собой забыв,
> **замри собой одной,**
> **себя в себе избыв**
> избытком, пустотой...[159]

В философском стихотворении В. Гандельсмана открыто выражена возможность изменения положения «Я» по отношению к себе самому: чтобы найти свой действительный облик и стать «человеком-собой» — для этого «Я» нужно стать другим — «не-мной» и оказаться «не-здесь», т.е. найти выход из себя другим человеком, сделав некоторое передвижение в «мнимую область»:

> Ноль-вероятность прийти
> в мир **человеком-собой.**

---

153 Тавров (2018).
154 Тавров (2016).
155 Там же.
156 Тавров (2008).
157 Тавров (2015).
158 Тавров (2018).
159 Тавров (2013).

> Стой, идиот, на пути
> глубокомыслия. Стой.
> Наискосок перейду
> я перекресток и весь
> в мнимую область вон ту
> **выйду не-мной и не-здесь**[160].

Эффект раздвоенности «Я» порождает и выражение глагольной направленности. Так, например, у Владимира Строчкова он сопровождается указанием на направленность действия внутрь, не свойственную исходному статическому глаголу *скучать*:

> В окно глядеть, **в себя скучать**
> и влизываться в даль,
> и трикопейки получать
> за скудную печаль —
> такая на челе печать
> и участь. И пить чай[161].

С похожей семантической трансформацией сталкиваемся и в случае, когда уже возвратный глагол наделяется не совместимыми с его значением обстоятельствами. Так, у Нади Делаланд глагол *проснуться* также наделяется свойствами глаголов направленного движения (куда?):

> Растворенную испей благодать.
> В растворенные ворота войди.
> Ты очнулся, **ты проснулся сюда.**
> **Ты в себе теперь.** Пришел и в груди[162].

Таким образом, пространство сна осмысляется как внутреннее, из которого возможен выход, однако этот выход оказывается направленным в самого себя (*Ты в себе теперь*).

Интересен также контекст Н. Азаровой, которая заменяет возвратную форму *забыться* на *забыть в себя*, таким образом обнаруживая направленность действия засыпания как забывания себя вовнутрь:

> **заснуть — забыть в себя** тяжёлую таблетку лёгких
>   снов русский юль и русский юнь[163]

Направленность глагольного действия, которая ему исходно не присуща, не обязательно связана с возвратным местоимением *себя*. Так, например, она может выражаться вопросительным местоимением с обстоятельственным значением направления – *куда*. С таким явлением встречаемся

---

160 Гандельсман (2003б).
161 Строчков (2007).
162 Делаланд (2019а, с. 162).
163 Азарова (2010б).

у А. Цветкова, где снова глагол, связанный со сном (*вздремнуть*), приобретает направленность, только уже вовне:

> с пустым стаканом пересечь квартиру
> **вздремнуть впотьмах неведомо куда**
> пока внутри торопится к надиру
> короткая империя ума[164]

У В. Черешни такую же направленность (*куда*) приобретает глагол *любить*, связанный с памятью об отце, которого неизвестно, как любить после смерти, поскольку человека нет, а там, где он, одна пустота:

> Пока ты был — было кого любить,
> **можно любить теперь — только зачем, куда?**
> На пустоту, где ты, волколуною выть
> воем, которым в ночи густо ревут суда[165].

Необычная направленность действия[166] появляется и у глагола *жить* в поэтическом тексте Сергея Ивкина, однако точка назначения этого действия остается неопределенной благодаря субстантивированному наречию *никуда*:

> Лишь осознав: человек — золотая пыльца,
> можно смириться, прорехи латая.
> Да, я — всего лишь — пыльца,
> но пыльца — золотая.
> **Я буду жить**
> **в никуда,**
> **не теряя**
> **лица**[167].

Глагольное действие также может получать в поэтическом языке адресность и обретать управление дательным падежом, не свойственное ему в обычном языке. Такую адресность получает глагол *молчать* в тексте П. Андрукович за счет вопросительного местоимения *кому*? В контексте стихотворения адресатом второго лица, кому направлен этот вопрос, является скорее всего лирический субъект «Я»:

> **кому ты молчишь** в голосе о своём долгом?
>   плачь о своём долгом молчании
>   моим голосом плачь[168]

---

164 Цветков (2006).
165 Черешня (2018, с. 165).
166 О таких явлениях в поэтической речи писала Л.В. Зубова (2009) в статье «Глагольная валентность в поэтическом познании мира».
167 Ивкин (2017).
168 Андрукович (2002).

Схожее явление обнаруживаем в тексте у Е. Фанайловой, однако оно не связано ни с направленностью, ни с адресностью, а наделяет глагол *курить* свойствами ментальных глаголов и глаголов говорения (*думать, говорить о чем-либо*), т.е. валентностью «содержания и темы»:

> Неважно **о чем** ты сегодня куришь
> Где ты теперь с кем ты сейчас[169]

Такое же свойство обнаруживается и у глагола *жить* у С. Соловьева, который метонимически вбирает в себя целую конструкцию — *жить, думая о ком-то*:

> Ну да, отвечает он ей улыбкой,
> шизофрения, конечно, но разве любая
> совместная жизнь мужчины и женщины —
> не она? И знаешь, мне ведь так это важно,
> **чтоб было о ком... Жить о ком.**
> Ждать, еду приготовить, и свечи зажечь,
> и проснуться, и знать, что ты рядом...[170]

Таким образом, поэты стремятся выразить в тексте неконвенциональные отношения и связи, используя при этом возвратные формы глаголов, возможности возвратного местоимения *себя*, различные формы выражения направленности и адресности, меняющие семантическую структуру глагола, выражающего основное действие.

Интересны и случаи появления в тексте необычной системы управления. Проанализируем с этой точки зрения стихотворение Г. Айги «Надпись для одного друга».

> **Бог — Вас — Поет!**
> а иных — лишь **Бормочет**
> бывает — на некоторых и заикается!
> **меня — молчит**... о как я хотел бы
> чтобы — напоследок
> **про — шеп — тал!**..[171]
> 15 декабря 2001

Здесь мы встречаемся с переходными глаголами (*поет, бормочет, прошептал*), управляющими именем в форме винительного падежа, которое обозначает предмет как объект непосредственного приложения того действия или процессуального состояния, которое названо глаголом, и одним непереходным глаголом *молчит*. Необычным оказывается то, что у переходных глаголов объектом их действия является не неодушевленный объект (*петь, бормотать, прошептать что-то*), а одушевленный,

---

169 Фанайлова (2010).
170 Соловьев (2017).
171 Айги (2008).

обозначающий лицо – Вы (Вас), иные (иных), Я (меня), и возникают ненормативные необычные конструкции *петь, бормотать, прошептать кого-то*, изменяющие структуру управления (*Бог — Вас — Поет; а иных — лишь Бормочет; меня ... прошептал*), неслучайно первые два глагола написаны с заглавной буквы, а *прошептал* разделяется на слоги, как требующие особого внимания, включая и то, что действие производится Богом. В этом случае одушевленный объект целиком охвачен действием, а не частично, как бы это было в нормативных конструкциях с предложным падежом (*петь, бормотать, прошептать* о ком-то). Подчиняясь необычному управлению в ряде глаголов, и непереходный глагол *молчит* получает управление именем в винительном падеже (*меня молчит* вместо *обо мне молчит*)[172]. Таким образом, в системе этого стихотворения данное управление, полностью направленное на объект, узаконивается, как бы подчиняясь божественной силе и отражая установку автора на непосредственный контакт с высшими силами.

Надо отметить, что, употребляясь в однородном ряду, грамматические формы могут нивелировать свою неконвенциональность или ненормативность. Так, в стихотворении О. Николаевой «Травма» в ряду безличных глагольных форм среднего рода прошедшего времени встречаются как вполне нормативные (*его ударило, задело, затронуло, царапнуло, замутило, закрутило, обезоружило, раскурочило, перемололо*), так и невозможные при обособленном употреблении (*его затрепетало и обнаружило; и заморочило, и закололо*). Тем не менее поэтесса их ставит в один ряд с возможными, не ища альтернативного способа выражения, поскольку основная художественная цель – ввести в порядке нарастания негативности как можно больше таких однородных конструкций, исчерпать их, так как в конце стихотворения, где совершается уже переход к личным конструкциям с той же глагольной формой (*И что-то грохнуло и надломилось... / И сердце охнуло. Остановилось*), предусмотрен летальный исход:

> Его ударило не сильно: чуть задело,
> едва затронуло, но вот — слегка заело,
> едва царапнуло его, но замутило,
> из глаза капнуло и закрутило:
> обезоружило, **затрепетало**
> **и обнаружило**, что всё пропало!
> И **заморочило, и закололо**,
> и раскурочило, перемололо.

---

[172] С похожим явлением встречаемся в тексте Н. Делаланд, где глагол *подумать* тоже приобретает прямой объект, обозначающий лицо, с целью выражения смысла «охватить мыслью целиком»: *Внезапно чувствую лицо теплее — / **ты меня подумал**. Глаза отвел, закрыл глаза, /провел ладонью, вспомнил голос* (Делаланд 2019б, с. 61).

И что-то грохнуло и надломилось...
И сердце охнуло. Остановилось[173].

В однородных поэтических рядах становится возможным и появление окказиональных предикативных конструкций с субъектным дативом, т.е. происходит пополнение группы предикативов за счет слов, описывающих свойства внешней среды, порядка вещей в мире, которые переносятся в сферу внутреннего мира лирического субъекта (это явление отмечается Н.А. Николиной и З.Ю. Петровой). С этим явлением встречаемся в тексте Н. Делаланд, большая часть которого строится на выражении подобных лично-субъектных состояний:

мне холодно **светло и далеко**
весенне и объемно светло-желто,
воздушно и на взлете напряженно
потом легко
мне **медленно и плавно** и еще
довольно долго для одной улыбки
но можно плакать и ползут улитки
гурьбой со щек
мне **правильно** так и должно идти
лететь и плыть лежать и продолжаться
понять смеяться больше не сражаться
совсем простить[174]

Здесь в субъектном плане на фоне обычных (*мне холодно, легко*) возникают необычные для нормативного языка состояния (*мне светло и далеко, весенне и объемно светло-желто, воздушно, медленно и плавно, правильно*), и, поскольку они находятся в одном ряду, их необычность нивелируется, но при этом становится значимой особенностью поэтического текста.

При построении однородных рядов форм авторы иногда играют с их архаичностью, таким образом, добиваясь эффекта некой фольклорности текста, его историчности и аутентичности заданной тематики. Такими свойствами обладает текст К. Щербино «Про оборотня», где в отрицательных конструкциях используются инфинитивные формы с дательным падежом краткого причастия или прилагательного:

забраться в угол дышать натужно **не быть родиму**
ни домовому ни маме с папой
себеподобных бояться биться **не быть ловиму**
не быть ведому не быть убиму

---

173 Николаева (2017).
174 Делаланд (2019б, с. 16).

не быть **ни видиму ни искому** ни тем ни тамым
от перегрева горюет сердце почти стучится
не быть угрюму сквозь занавеску водить глазами

— ты спишь любимый?[175]

Выстраивая ряды этих кратких форм на -*иму*, -*ому*, К. Щербино вносит и определенную фонетическую и ритмическую организацию в текст, так что он становится похожим на заговор.

Обратимся также к рядам кратких форм прилагательных.

Прежде всего внимание привлекают краткие формы прилагательных, образованные от относительных прилагательных и даже существительных. Что касается статуса кратких прилагательных, то до сих пор не существует однозначного решения, считать ли их принадлежащими глагольной системе или системе имени прилагательного. Однако почти все ученые сходятся на том, что они выполняют предикативную функцию. Нам близка позиция В. А. Плунгяна, который выделяет особую категорию репрезентации. Согласно его концепции, если не включать краткие прилагательные в особый разряд предикативов и не рассматривать отношения между полными и краткими прилагательными в русском языке как близкие «к продуктивным словообразовательным (наподобие тех, которые связывают русские глаголы и причастия — отглагольные прилагательные)», то тогда «следует признать у русских прилагательных категорию репрезентации («атрибутивной» и «неатрибутивной»)»[176].

Обычно окказиональные краткие формы либо выступают в рядах с нормативными, либо выстраивают собственные целые ряды в тексте, чем доказывают свое право на существование. Так, М. Степанова формирует ряд кратких прилагательных от названий дней недели (*День* **понеделен, вторничен, срединн,** / *Чист как паркет, пока не наследим*[177]), а также от прилагательных, обозначающих национальную принадлежность, которые в ее парадигме усекаются:

Цыганска, польска я, еврейска, русска –
Толпой при праздничном столе.
На шее виснет жалобная буска
Из горных, горло, хрусталей[178].

Окказиональные краткие формы относительных прилагательных находим и в стихотворении С. Круглова «Михаилу Гаспарову»:

Жёлтый, книжный, облетает —
Пястью лет — с осины лист.

---

175 Щербино (2005).
176 Плунгян (2011, с. 109).
177 Степанова (2001a).
178 Там же.

В ветре свиста не хватает:
Умер честный атеист.
**Внепартиен, необузен,
Густоперчен**, как центон,
Тих, **классичен, русск, внерусен**,
По-еврейски умер он[179].

Целый ряд кратких неконвенциональных форм, образованных от названий сезонов, встречаем также у Андрея Костинского: *Небосвод одновременно **зимен, летен** и **осен*** [180].

У В. Полозковой в одном ряду оказываются краткие формы от качественных и относительных прилагательных, в связи с чем последние не выделяются из ряда обозначения качеств и употребляются вполне естественно, приобретая обусловленное контекстом качественное значение: ср. *Ранним днем небосвод здесь **сливочен, легок, порист**. / Да и море – такое детское поутру*[181]. Причем, как все краткие прилагательные, они указывают на избыток проявления признака (*сливочен* – 'полон сливок'). С аналогичным явлением сталкиваемся и в описании города: *Дни тихи, как песни к финальным титрам. / Город свеж, **весенен** и **независим***[182], где *весенен* обозначает «полный весны».

Краткие формы относительных прилагательных образуют и ряды с краткими причастиями по звуковому сходству своих конечных элементов; при этом в одном ряду могут оказаться прилагательные, образованные скорее от имен существительных (*выставочен*), чем прилагательных, и порядковых числительных, у которых краткая форма невозможна:

Выставочен как ни был бы, **приурочен** –
А все равно же **вымучен**, что уж тут.
[...]
Как бы ты ни был **вычерчен** – ты **вторичен**
Тысячен, если мыслить в таком ключе[183] (В. Полозкова).

Обратим внимание, что прилагательное *тысячен*, в отличие от *вторичен*, которое не является порядковым числительным, безусловно, окказионально и этим акцентированно в контексте, краткая же форма *выставочен*, хотя и окказиональна, зато вписывается в единый звуковой ряд с *вычерчен, вторичен*, благодаря чему ее неологичность несколько сглаживается.

Рассмотрим еще один ряд у В. Полозковой:

---

179   Круглов (эл. ресурс).
180   Костинский (2017).
181   Полозкова (2007).
182   Полозкова (эл. ресурс).
183   Полозкова (2007).

> Мир был с нами **дружен, радужен** и несложен.
> А нынче пристыжен, выстужен; ты низложен,
> А я и вовсе отлучена[184].

В нем первая часть состоит из прилагательных дружен, радужен, несложен, и наше внимание привлекает звуковая близость слов *дружен* и *радужен*, благодаря которой *радужен* воспринимается как качественное прилагательное (от полной формы радужный в переносном значении 'радостный, ничем не омраченный'); вторая часть ряда представлена краткими причастиями с финальными звукосочетаниями — жен, т.е. такими же, как у ряда кратких прилагательных, что создает структурную параллельность строк. Такую же параллельность финальных звукосочетаний краткого прилагательного и причастия находим и в пределах одной строки, что порождает внутреннюю рифму: ср. *Сколько б ты ни был зычен и предназначен* — / *А все равно найдутся погорячей*[185].

В рядах нормативным кратким прилагательным иногда сопутствуют необычные формы кратких причастий настоящего времени, краткость которых диктуется во многом звуковой организацией текста; ср. у Владимира Алейникова:

> без тела немыслим хрящ
> что в целом не обесценен —
> и дождь пропитавший плащ
> был **плачущ** и **откровенен**[186].

Целый ряд окказиональных кратких форм находим и у Ю. Мориц:

> Где мир к человеку повёрнут такой стороною,
> Что плоского нет ничего, а конец и начало
> Слились, и в любом они вдохе, и плеске, и слове —
> **Одновременны, повсюдны, слиянны, растворны**[187].

Здесь в одной цепочке оказываются не только окказиональные формы, но и окказиональные лексемы – так, краткая форма *повсюдны* образуется от гипотетической полной формы **повсюдный* от наречия повсюду, а краткое прилагательное растворны, хотя и соотносится с полным прилагательным растворный со значением 'свойственный раствору', однако в контексте меняет свое значение, сближаясь по смыслу с причастием растворенный ('раскрытый'), так что происходит осцилляция его двух значений.

Такие ряды еще ранее встречаются у В. Сосноры, при этом в них оказываются уподобленными совершенно разные по семантике характеристики: *гений* ***хрипл, бескрыл и сомкнут***, *он всего лишь* ***двоегуб***, / *но и*

---

184 Там же.
185 Там же.
186 Алейников (2013).
187 Мориц (2005).

две губы смеются, из металла именем медь...[188] Здесь в одном ряду встречаются необычные краткие формы от прилагательных *хриплый* и *бескрылый* (первое из них является качественным, но в такой форме не употребляется, второе — относительным), краткая форма от прилагательного *двоегубый* — в применении к человеку является неологизмом, так как двоегубыми называются чаще всего цветы. Еще более редкими являются краткие формы *сценичен* и *ролист* в строках *У трагика нет грации, он сценичен, ролист*[189]. Первая форма почти не употребляется и в полном варианте (более привычно *сценический*, а не *сценичный*), вторая же является словообразовательным неологизмом, в котором к корню *рол'*- прибавляется суффикс прилагательного *-ист*, обозначающий 'обладание признаком в значительной степени'. Стремление поэта к созданию неологизмов не только грамматического, но и словообразовательного характера, приводит к тому, что мы имеем дело с окказиональностью во второй степени, как в случае с композитным образованием *серобородонебрит* – это краткое причастие, в котором слились и атрибутивные, и предикативные признаки, целиком же оно может быть приравнено по смыслу к предложению:

Я лечу, как овчина, снятая с крючков,
планер, радиозвук, **неслышим**,
серобородонебрит, «свободолюбив»,
и возвращаюсь, и на крючки себя надеваю[190].

Целый ряд окказиональных кратких форм прилагательных обнаруживается и у К. Щербино, которая, видимо, стремится к несколько архаичному и компрессивному способу выражения при наделении объектов признаками. В то же время внедрение необычных кратких форм *картофельн*, *нечеловеч* и *болюч* диктуется метрической и рифменной организацией текста:

оттого что здесь воздух **картофельн** на вкус
оттого что грозит воробьиный пастух
вместе крылья и клювы сшивая
оттого что живая

и невинная речь начинает мной речь
и перечить и голос мой **нечеловеч**
и **болюч** и созвучия длинны:

я тебя никогда не покину[191]

---

188 Соснора (1999).
189 Соснора (2000).
190 Там же.
191 Щербино (2005).

Не менее окказиональными оказываются и формы кратких прилагательных, образованные от действительных причастий настоящего времени. В стихотворении Н. Азаровой они образуют единую парадигму, и придают всему тексту аллитерацию на щ:

 щеки **цветущи**
 тело **шагающе**
 и **летяще**[192]

С подобным звукопорождающим, но уже онаматопоэтическим эффектом встречаемся и в тексте Владимира Гандельсмана, где имеем дело уже с наречиями:

 Сначала полунастоящий
 и путающийся в плюще,
 потом **лепечуще** летящий,
 лепечуще, щебечуще...[193]

Рассмотрим и окказиональные формы наречий.

Обращают на себя внимание наречия, которые формально образованы от прилагательных, однако по своей семантике являются окказиональными и получают значение, соотносимое непосредственно с существительным. Ср., например, у М. Степановой:

 Ложусь как профиль на медаль
 На все прилавки магазина.
 Так протяженная педаль
 Нутро изводит **пианинно**[194]

С похожим случаем встречаемся у Н. Байтова:

 Дурацкий жест: взвихрил висок,
 вся мысль пошла наискосок,
 а я-то плавал **думно**.
 И кстати, в огороде ночь
 была б соседствовать не прочь —
 так снежно там и **лунно**[195].

Если прилагательное *лунный* существует, то *думный* — это гипотетическое образование, поэтому *думно* можно напрямую связать с *думой*,[196]

---

192 Азарова (2011а).
193 Гандельсман (2014).
194 Буквально 'из пианино, как пианино'. Степанова (2001а).
195 Байтов (2016).
196 Прилагательное *думный* вышло из употребления, как историзм оно связано с Боярской думой (Толковый словарь русского языка под редакцией Д.Н. Ушакова). Зафиксировано его употребление в поэтическом языке как часть сложного прилагательного со значением «задумчивый» у И. Одоевцевой: *Высоко в небе теплится /Звезда зелено-**думная*** (1951), Муни: *И ночью, молчаливо-**думная**, / Склонившись ласково ко мне, / Не ты ли, кроткая, бесшумная, / Со мной рыдала*

при этом существует и вполне нормативное *бездумно*. Также прилагательное *шляпный* трудно считать мотивирующим словом для *шляпно* у Андрея Костинского (скорее, оно образовано непосредственно от существительного *шляпа*), как и *эмбрионный* (при существующем *эмбриональный*):

> И, влекомый занебьем, заземленье забвенья снимаю **шляпно**[197].

***

> **И эмбрионно** на УЗИ
> луна полна над лункой[198]

Встречаются также наречия, которые по своей семантике синонимичны однокорневым наречиям, зафиксированным в словарях, и, выступая в одном ряду с нормативными наречиями, обнаруживают свою окказиональность. Ср., например, у В. Полозковой:

> Жаль. Безжизненно, безнадежно.
> Сжато, сожрано рыжей ржой.
> Жутко **женско** и односложно:
> Был так нужен,
> А стал
> Чужой[199];

у Ю. Мориц:

> Хорошо – быть молодым,
> За любовь к себе сражаться,
> Перед зеркалом седым
> Независимо держаться,
> Жить **отважно – черново**
> Обо всем мечтать свирепо[200].

Существуют и формы наречий, образованные от числительных (*одино*), которым в тексте Н. Делаланд сопутствуют усеченные глагольные формы, созданные в поэтике «полуслова» (*непонима, понима*):

> **Одино и непонима**. Отвернуться, закрыв глаза,
> прижимая посредством век все, что мыслимо здесь извлечь.
> Ковш глазниц зачерпнул и пей эту песню, уральный залп
> всех побед и одно теперь — **одино** остается — речь.

в тишине? (1907). Есть одно и наречное употребление у И. Коневского: *В безвестной тишине я буду весел, / Скользнув в укромно-милую мне клеть: / Косящата окна я не завесил, / И **думно** буду духом я светлеть* (1898), а также в форме краткого прилагательного *думен* у Н. Некрасова: *Счастлив — сей лик ни праздничен, ни **думен**, / Кто перед ним ни вырос, ни сробел* (1840, о дне рождения) (по материалам НКРЯ).

197 Костинский (2016).
198 Там же.
199 Полозкова (2003). *Женско*, т.е. по-женски.
200 Мориц (1975). *Черново*, т.е. начерно.

> Лечь и речь **одино** и то, повторяясь самой собой,
> умножаясь (не без, of course, по нужде разрешил Оккам),
> я стою у тебя в глазах, я в слезах, я из слёз, я боль,
> ты сморгни меня, не ищи, **понима** по черновикам[201].

Особый интерес представляют двойные наречия, образованные от существительных, как у Н. Делаланд: *Посмотри в окно – всё **ветрым-ветро**, / око ветра льнёт, косо сеется*[202]. Здесь, в отличие от *темным-темно, светлым-светло*, производящей основой оказывается существительное *ветер*.

М. Степанова же создает неологичные формы наречий, усекая в них суффикс наречия -о, так что по форме они становятся краткими прилагательными:

> И хлеб из тостера, загрохоча,
> Взлетает лбом, как бы глухарь с черники,
> И тяжело, петляя меж дерев,
> Летит, летит – **направ** или **налев**.
> И тостера не починити[203].

Заметим, что здесь новообразования создаются ради формирования рифмы, при этом мы имеем дело с процессом, как бы обратным адвербиализации, а именно, вместо форм именительного-винительного прилагательных среднего рода, которые предположительно лежали в основе образования наречий[204], мы имеем дело с формами именительного падежа мужского рода.

Интерес вызывают и формы сравнительной степени прилагательных и наречий, образованные от существительных, числительных, а также от любых прилагательных, которые в обычном языке ее не образуют.

Удивительные формы сравнительной степени прилагательного, образованные от существительного *дрова*, находим у А. Еременко:

> Колю дрова
> напротив бензоколонки.
> Меня смущает столь откровенное сопоставление
> полена, поставленного на попа,
> и «кола» в «колонке».
> Я пытаюсь вогнать между ними клин,
> я весь горю,
> размахиваюсь,
> [...]

---

201 Делаланд (2014б).
202 Делаланд (2012).
203 Степанова (2001б).
204 См. Бранднер (2002).

Но с каждым ударом меня сносит влево,
и я становлюсь все **дровее и дровее**[205].

У Н. Делаланд встречаем уже форму древесней по отношению к женщине:

Так женщины соприродны
измененьям климата, что — нету их **древесней**,
я роняю листья, целуй мои корни рото-
раскрывательно гласный звук превращая в песню[206].

Н. Азарова же для своей поэтической зарисовки выбирает море, ветер и горы, которые начинают различаться по степени проявления признака:

лезут подгоревшие сумерки
еще морей
еще ветрей
еще горей
куда уж[207].

Евгения Риц оценивает и землю по степени проявления признака:

Целая жизнь коротка,
Чтоб поместиться в наружные складки
Долгих несобранных дней.
Скоро всё скроют земные осадки
И то, что
Ещё земней[208].

У А. Полякова появляется компаратив, связанный с рекой:

Мы кормим хлебом рыбоголубей
и снегосвет течёт ещё сильней
становится **речней** и голубей
смывает, омывая, наши лица[209]

У Д. Суховей при описании золотой осени появляется грамматический неологизм *сентябрее*, означающий более насыщенный аромат цветов, чем в мае[210]:

Запустение тихих садов
В позднем солнце еще золотее,
Аромат неотцветших цветов
Майского **сентябрее**[211].

---

205   Еременко (эл. ресурс).
206   Делаланд (2008).
207   Азарова (2016).
208   Риц (2014).
209   Поляков (2017).
210   См. также Бабенко (2019).
211   Суховей (2009).

При этом для семантизации этого признака необходимо обращение к фоновой сенсорной информации, которая не вербализуется в словарной статье слова *сентябрь*.

У В. Полозковой даже находим сравнительную степень прилагательного, образованного от числительного *один*:

> То, к чему труднее всего привыкнуть —
> Я одна, как смертник или рыбак.
> Я **однее** тех, кто лежит, застигнут
> Холодом на улице: я слабак.
> Я **одней** всех пьяниц и всех собак[212].

Существует также и форма сравнительной степени от прилагательного *одинокий*. Ее мы встречаем у В. Черешни:

> В этом просторе надышанном
> Днем ли, тягучею ночью ли,
> Кем бы ты ни был услышанным,
> Можно ль еще **одиночее**?[213]

А у В. Гандельсмана в стихотворении «Пастернак» встречаем такой же наречный компаратив, наряду с адъективной формой, образованной от *чужой*:

> Ему с ней **одиночей**,
> чем одному, но так
> в два раза путь короче
> до стихотворных благ.
> Она **чужей** чужого,
> но все-таки она,
> как выстраданность слова,
> равна ему, родна[214].

Н. Азарова образует компаратив даже от местоименного слова *никуда*, в результате получается удвоенная формула *никудее некуда,* обозначающая положение в пространстве, из которого нет выхода:

> и вот я дерзкая резидентка
> сижу посередине
> **никудее некуда**
> здесь меня жгут солнцем
> земля обетованна но пока не найдена
> написанное мною в области интоксикации Богом[215]

---

212 Полозкова (2012).
213 Черешня (2018, с. 226).
214 Гандельсман (2013).
215 Азарова (2011б).

С этой точки зрения можно говорить о так называемых грамматических неологизмах или тропах, т.е. фигурах, основанных на образном использовании морфологических средств, которые расширяют границы грамматических парадигм. В этом случае креативность обнаруживает себя в виде ГРАММ-АРТА в понимании М. Эпштейна[216].

---

216 См. Эпштейн (2016, с. 253).

Синтаксическое строение текста и его целостная организация

Во многих примерах, которые мы анализировали, обращает на себя внимание важная особенность современных текстов — частое отсутствие заглавных букв в начале строк при отсутствии или индивидуальном использовании знаков препинания, что оказывает влияние на синтаксическую организацию текста, так как языковые единицы освобождаются от явной синтагматической зависимости (Л.В. Зубова). Таким образом, все элементы текста становятся равны с точки зрения смысла, а главными знаками членения и интонирования становятся пробелы и границы строк. Одновременно, как пишет Н. А. Николина,

> «беспунктуационные» тексты (или их фрагменты) максимально активизируют восприятие читателя. Отсутствие знаков препинания служит одним из механизмов остранения, которое нарушает иерархические связи синтаксических единиц, в результате в тексте возникает подвижное, «текучее» соположение элементов разного ранга, различных ракурсов изображения, точек зрения[217].

В то же время возникает неоднозначность синтаксических, а значит, и семантических связей как между строками, так и внутри строк. Как пишет С. В. Бочавер в статье «Неконвенциональная связность современного русского поэтического текста»[218], «устранение традиционных и конвенциональных знаков препинания может быть соотнесено со стратегией намеренного создания и нагнетания синтаксических неоднозначностей в тексте». Рассмотрим с этой точки зрения несколько поэтических фрагментов. Так, в тексте Н. Азаровой строка *сонная опись птиц оперения* одинаково может быть соотнесена как со строками, находящимися в препозиции, *станет птением / пением тени*, так и с нижеследующей строкой *солнцем остужена в жуть*, а, скорее всего, правильны оба соотнесения. Так неоднозначность установления синтаксических связей создает компрессию смысла, которая также заложена и в неологизме «птение», созданном на основе контаминации слов *птица* и *пение*:

оставь
оступись
и пусть
станет птением
пением тени

---

217 Николина (2009, с. 282).
218 Бочавер (2016, с. 345).

> сонная опись птиц оперения
> солнцем остужена в жуть
> в цвете есть перья[219]

Неоднозначным может быть не только установление связей между строками, как в первом случае, но и установление отношений одновременно внутри рядов и между строками. Так, в четверостишии А. Уланова

> с четырёх углов попарно подкрадываются огни
> девять воздушных шариков девять ненужных солнц
> человек заблудился в людях **в тесных глазах**
> медленно испаряется слово начерченное водой[220]

предложное словосочетание *в тесных глазах* можно одинаково отнести к предложению в пределах своей строки *человек заблудился в людях в тесных глазах* и к следующему – *в тесных глазах медленно испаряется слово начерченное водой*. Создаваемая неопределенность связей усложняет интерпретацию текста и делает ее амбивалентной, что и создает приращение смысла.

В тексте К. Корчагина возникают уже две неопределенности. Сначала детерминирующее обстоятельство места, распространяющееся на две строки с анжамбеманом (*в районах затерянных между / железных дорог*), можно одинаково соотнести и с предшествующей предикативной конструкцией (*то вернутся они уже не домой а в какие-то новые но полутемные квартиры*), и с инфинитивом внутри второй строки *наблюдать*, начинающим сложноподчиненное предложение, заканчивающееся только в конце текста. Это делает подвижными границы между предложениями:

> если запах будет столь же
> невыносим как свет отделяющий
> пласты друг от друга то вернутся
> они уже не домой а в какие-то
> новые но полутемные квартиры
> **в районах затерянных между**
> **железных дорог** наблюдать
> за тем как выкатываются
> из утренней пены составы
> и вокзальный дым укутывает
> истонченные муравьями стены
> **и солнце сжигает избиваемых**
> **в переулках глотающих дым**
> равно и нас в просторных

---

219 Азарова (2011а).
220 Уланов (2007).

и тесных кофейнях на берегу
странноприимного моря[221]

В конце же текста двустрочное предложение *и солнце сжигает избиваемых в переулках глотающих дым* одинаково можно прочесть как то, что процесс избивания происходит *в переулках, которые глотают дым* (это метафорическое прочтение), и как то, что избиваемые в переулках глотают дым. Обе данные альтернативы чтения заставляют привлечь внимание к тем возможностям языка, которые обеспечивают неоднозначность поэтического высказывания. Устранение определенности при беспунктуационной связи «позволяет поэту продемонстрировать сосредоточенность на синтаксисе фразы, предъявить читателю сложность там, где привычно видеть простое»[222].

Беспунктуационность и отсутствие заглавных букв позволяют и свободное расположение грамматических форм между стихотворными рядами. Так, в тексте Татьяны Данильянц установление целостного смысла становится возможным только при перестановке строк, что провоцирует неопределенность и размытость синтаксических связей при последовательном чтении:

я иду
лишнего взгляда
задыхаясь от слов
от их ветра
избегая[223]

При правильном восстановлении синтаксических зависимостей (в частности, учете управления и согласования по числу) имеем следующую линеаризацию: *я иду / лишнего взгляда / избегая / задыхаясь от слов / от их ветра*. Таким образом, поиск осмысленности заставляет динамизировать вертикальный контекст, использовать его возможности образования вертикальных зависимостей, преломляющих последовательное развертывание.

В более усложненном варианте с подобным явлением сталкиваемся в стихотворении Д. Воробьева «Вопрос», где установлению и одновременно разрешению неоднозначности способствует графика стиха:

как
как
          закрывая
                   будто
сказать
          глаза

---

221 Корчагин (2016).
222 Бочавер (2016, с. 342).
223 Данильянц (2018).

```
            полю
                         исчезая
          чистоты
                      я
                         здесь²²⁴
```

Здесь по вертикали возникают следующие возможности чтения, которые должны, видимо, по мысли автора осуществляться одновременно: *как (будто) закрывая глаза исчезая – как (будто) сказать полю чистоты* и общая часть *я здесь*. Видимо, в этом тексте однозначная линеаризация невозможна, ее не позволяет графика стиха, специально предполагающая многомерность чтения. Возникает возможность передачи добавочного смысла, который невозможно выразить конвенциональными языковыми средствами.

В своей статье «Грамматика современной русской поэзии: линеаризация и синтаксические техники» М. Ю. Сидорова и А. А. Липгарт специально изучают проблему соотношения стихового и синтаксического членения, которые часто не совпадают. Они приходят к выводу, что

> в поэтическом тексте синтаксическое членение взаимодействует со стиховым, что — особенно в беспунктуационной поэзии — создает амбивалентную линеаризацию, которая выражается в возможности неоднозначного установления отношений между компонентами и границ предложения (в полисубъектной, диалогической лирике это может приводить к смещению субъектной перспективы, миграции точки зрения от одного субъекта к другому)²²⁵.

В то же время они подчеркивают, что

> отсутствие знаков препинания как таковое создает не так много точек неопределенности: грамматические зависимости между словами «обустраивают» текст, задавая границы его возможным интерпретациям²²⁶.

Таким образом, в стихотворном тексте вступают во взаимодействие не только языковое (синтаксическое) и стиховое членение, но графическое и пунктуационное, что обеспечивает «вторжение поэтических принципов линеаризации в системные свойства языка, затрагивающее все уровни — от фонетического до синтаксического»²²⁷.

Свободная беспунктуационная организация текста способствует и появлению в поэтическом тексте непредикативных глагольных форм (причастия, деепричастия, инфинитива) как организаторов структуры текста, что свидетельствует о «дезактивации» субъекта или его эксплицитной невыраженности.

---

224 Воробьев (2009).
225 Сидорова / Липгарт (2018, с. 55).
226 Там же, с. 56.
227 Там же, с. 58.

Использование форм, не обладающих самостоятельной предикацией (деепричастия, инфинитива), характерно для Александра Уланова. За счет этого создается ассоциативность общей картины, образующейся комплексом разнонаправленных глагольных действий, приобретающих лишь форму признаков:

> ничего **не зная** улиткой **впадая в сон**
> птица ёж чуть-чуть успокаивается у щеки
> ящерицей тепла **угадывая** наклон
> **различаясь** лица оказываются близки
>
> будем быть привыкая не привыкать
> находя друг друга в открытых ладонях держа
> не боясь бояться и ожидая ждать
> в не хватающем времени на островах витража
>
> на песке **улыбаясь выскальзывая** далеко
> в удивлённый прочный себя узнающий взгляд
> **приближаясь** в реке каштановой **плыть легко**
> **укрывая** тревогу её за квадратом квадрат[228]

В этом коротком тексте 13 деепричастий и 5 инфинитивов, что освобождает действия от определенного субъекта, и синтагматическая цельность образуется как бы вопреки предикативности где-то на уровне «внутренней речи». Ассоциативные, неявные связи внутри рядов организуются за счет «тесноты стихового ряда», а между рядами возникают синтаксические отношения, определяющие развертывание строфы. Обе эти системы связей создают варианты прочтения.

Инфинитивные ряды могут метатекстово вводиться самим автором, при этом присутствуют и отдельные знаки препинания, отражающие авторскую пунктуацию. Так, например, М. Дремов сам открыто говорит о введении в текст инфинитивного письма:

> — **замещать** собственное речевое однообразие
> **инфинитивное письмо** и форму вопрос-ответ
> **внедрять** окончания
> сонные оптики
> **внедрять** марши и зубастые органы
> будоражащие выставки
> оздоровляющий отказ от еды
> пластыри — **внедрять**,
> **внедрять** круговую поруку
> план даллеса
> природную крепость фаллоса
> сжимаемого в кулаке — интернациональный жест

---

228 Уланов (2007).

знак нового евразийского ситуационизма
лунарный форпост осязаемого множества[229]

Рассмотрим и другие способы оформления синтаксической и пунктуационной структуры текста, чтобы определить диапазон возможностей поэтов в этой сфере.

Оригинальное решение записи текста найдено в цикле Г. Сапгира «Слова» и в одноимённом стихотворении:

Ухожу Прощай До свидания Нет
Обещай Думай Ушел Ухожу
Нет Потуши свет Теперь
Скажу Ты Обними Так

Отдать Отдаю Все Возьми
Бери Еще Отдал Твой
Вижу Ты Изнутри Свет
Лицо белое Волосы летят

Полосы Дорога Пейзаж еду
звяк-звяк вагон-ресторан
Ночь Бред Горячо Насквозь —
Лицо слепит Космы жгут

Спать Сплю Прощай Ельник
Небо Снег Блестит Лыжник
Просто Чисто Спокойно Каникулы
Свитер красный Забыть забыл

Вдруг Дыра Дыры Прорехи
Ползут Расползаются Вкривь Вкось
Очнулся Провалы Гулко Город
Страх страшно Идти иду

Прохожие смерть Одиночество смерть
Газета смерть Погода смерть
Смерть — комната Смерть — минута
Смерть с налета Смерть — ты

Смерть просыпаюсь Смерть радуюсь
Смерть целую Смерть люблю
Уйти уйду Забыть забыл
Нет! Никогда! Ни за что! Всегда![230]

---

229 Дремов (2018).
230 Сапгир (1999).

В нем при соблюдении нормальной строфики в каждом четверостишии записываются отдельные слова или диалогические реплики (преимущественно с большой буквы) через три пробела. Поскольку текст записан строфами, он по заданному воспринимается как целостный. Однако каждое слово в нем представляет лишь намек на ситуацию, которая должна восстанавливаться самим читателем, поскольку синтаксические связи между словами часто очень размытые. Причем, по мысли автора, сам увеличенный пробел имеет, с одной стороны, функцию восстановления невысказанного смысла, с другой — подчеркивает самостоятельную значимость каждого слова:

> Пробел между словами привлекает к себе все больше поэтической рефлексии в силу своей многофункциональности: это и знак пустоты (тишина, молчание, пауза в поступлении новых смыслов и образов в сознание читателя), и промежуток между словами, обеспечивающий их самостоятельность, и синтаксическая позиция, которая может оставаться незаполненной или получать более или менее тривиальное заполнение. [...] Слово, взятое само по себе, выглядит так крупно, что нужда в промежуточных связках зачастую просто отпадает, экономя место и материал, к чему всегда, по-моему, стремится поэзия[231].

Тем не менее, динамика развития текста позволяет в нем вычитать и некий лирический сюжет: уход — сон — страх — смерть — просыпание — невозможность забыть произошедшее.

В начале текста вообще отсутствует пунктуация, в конце она редко проявляет себя (тире, восклицательные знаки), внося эмоционально-интонационное начало в текст. Неслучайно сам поэт говорит в своих заметках о звучании текста — такое строение напоминает ему пуантилистическую музыку («При этом возникает некоторый пуантилизм текста, который лично у меня ассоциируется с новой камерной музыкой такого же рода — пуантилистической»[232]).

Схожую технику выбрал для построения своих стихотворений В. Земских, однако он записывает свои тексты не четверостишиями, а в столбик, каждую реплику с большой буквы. И действительно, вербальные компоненты его текстов — это реплики диалогов (собственно, поэтому и текст выстроен вертикально), сближающиеся по своему семантическому наполнению с коммуникативами. Коммуникативы — это денотативно опустошенные целиком воспроизводящиеся языковые единства, часто включающие в себя служебные элементы, которые в диалоге передают определенную интенцию[233]. Эти элементы у Земских так же, как и у

---

231 Там же.
232 Там же.
233 О коммуникативах см. подробно Шаронов (2009).

Сапгира, призваны воссоздать некоторую целостную лирическую ситуацию, которая стоит как бы за кадром:

А я что
А я ничего
А ты что
И ты ничего
А он
И он ничего
А они
И они
Ну а те
А те далеко
Ну а мы
А мы как-то так[234]

Элементами таких реплик могут становиться также полнозначные слова и словосочетания, однако они все равно обладают исходной неполнотой из-за отсутствия четких синтагматических связей между вербальными компонентами, так что общий смысл диалога-стихотворения также достраивается читателем самостоятельно:

Некогда жить
Успеть бы
Не успеваю
Жаль
Так хотелось
Позабыл
Все позабыл
Кособокие сны
Попадешь и не выбраться
Следы ожога
На руке[235]

Некоторые критики, например, В. Симановская[236], считают, что таким образом поэт передает диалог с самим собой — «внутреннюю речь», «мыслечувство», которые возникают при помощи пауз между отдельными строками.

При отсутствии наиболее частых и естественных пунктуационных знаков (точек, запятых) особо выделяются авторские знаки. С таким явлением встречаемся в тексте А. Скидана из цикла «Схолии», у которого строки представляют собой максимально самостоятельные высказывания, соединяемые в целое лишь вертикальным контекстом, при этом отдельные строки даже разъединены дополнительным интервалом. На

---

234 Земских (2013).
235 Земских (2014).
236 Симоновская (2016).

этом фоне авторские знаки — угловые скобки и угловые скобки с восклицательным знаком — маркируют параллельное движение мысли (*<это не стихотворение>*, *<Целан>*, *<и Гёте Гёте конечно!>*), а кавычки — чужую речь (*«увидеть Александрию и умереть»*, *«я буквально разъят на части»*), заставляя буквально «разъятые смыслы» сосуществовать друг с другом и порождать некий общий смысл (о чем говорится один раз без скобок (*некий смысл / пусть в отсутствие и украдкой*), а другой раз в скобках <*некий смысл*>). Создается впечатление, что целое строится из фрагментов, в которых знаки препинания эксплицитно не наращивают связность, и объединение в целое как бы организуется им вопреки. Так в структуре текста собственно и обнаруживает себя заглавие цикла «Схолии» – в нем доминируют комментарии (разъяснения) между строк (некогда присущие античным и средневековым рукописям) при минимальном объеме собственно текста. Ср.:

<это не стихотворение>
существительное   <Целан>

<и Гёте Гёте конечно!>

некий смысл
пусть в отсутствие и украдкой

«увидеть Александрию и умереть»

«я буквально разъят на части»

<некий смысл>

обезглавленный
ходит ещё   четыре часа

но сказать это
значит сказать

повешенный висит вечно[237]

Особую функцию создания целостного синтаксического строения стиха выполняет пунктуация в текстах Г. Айги. Обычно в его стихах отсутствуют точки и запятые, зато значимыми становятся все другие знаки. Рассмотрим его стихотворение «Без названия».

время падает на землю
более-зримым: снег —
            поля раскрываются
        чтобы — чисто и ясно —

---

237 Скидан (2005).

                             хоронить настроения —
            (открыть — другие) — время — такое
                           (все — к свету!) —
                             и вдруг — снег — прошёл[238]

Прежде всего обращает на себя внимание особое расположение текста на странице вместе с особой разбивкой по строкам, которые по-разному отстоят от начальной вертикали текста. В общем рисунке стихотворения выделяются тире, выполняющие как соединительную, разъясняющую, так и разделительную функцию (последняя определяет как паузы внутри строк, так и между строками). Ср.:

                   поля раскрываются
        чтобы — чисто и ясно —
                   хоронить настроения —
            (открыть — другие) — время — такое

Значимыми являются и скобки, призванные отразить параллельное течение мысли и ее уточнение, одно даже эмоциональное с восклицательным знаком. Обратим внимание и на двоеточие: оно идет после слов *более-зримым* и выполняет функцию раскрытия того, что было сказано ранее, и открывает возможности для порождения нового «зримого» смысла. Таким образом, Айги создает особые ритмико-синтаксические фигуры, визуализируя их в графике стиха.

Рассмотрим и особое строение текстов В. Аристова на примере стихотворения «Предметная музыка» (2006):

Отдаленный города гул
Ты заслышал зимним утром
Глаза закрыв

Ты вспомнил: в метро-переходе играли так же гусли-самогуды

Ты пробегал с привычной сумкою через плечо
            и ощутил под пальцами
                  всю городскую музыку, трепет и людские разговоры

        ты был его источник, слабый родник этого гула

      ты чувствовал, как мир играл, переходя в простой предмет

но некому его собрать, создать

город везде и где-то
        но там тебя нет

                  отдаленно болит голова

---

238 Айги (2003).

еще в сумерках ты нащупал звук —
                внезапный лай отдаленный — узор незнакомого смутного
перламутра
ты думал, что сможешь вернуть тот рисунок

И в мерзлом трамвае
Где музыка отдаленная
Остекленная холодом

Твой портфель на коленях под руками звучит
Словно ты гитару перевернув
Струнами вниз
В желтом дереве музыку слышишь
Затрепетав, как лира полевая

Город вокруг — не видит тебя
И ты лишь ладонь его чувствуешь
            что это... легкая дрожь купюры, детский флажок или
вымпел под ветром

      и вокруг снег — руина, но все ж нерушим

    просит город-мир, чтобы ты бродил
        по улицам его, садам
    даря ему его отдаленный смысл

Ты играешь пальцами
    на сумке своей
        или дереве старой гитары

И хотя город каждым жестом своим
    торжественно тебя опережает
    он не произойдет без тебя.[239]

Его также характеризует особое расположение текста на странице, при том, что текст гораздо больше, чем у Айги, разные интервалы между строками, начала строк также по-разному отстоят от начальной вертикали, распространяясь на все пространство листа. В тексте лишь одна конечная точка. При этом поэт использует большую букву в начале некоторых особо значимых строк — она не только их начинает, но и выполняет функцию членения смысла в рамках текста и, может быть, даже в пределах одного предложения (ср. начало текста *Отдаленный города гул / Ты*

---

239 Аристов (2007).

заслышал зимним утром / Глаза закрыв). В то же время отдельные предложения не всегда выделяются заглавной буквой, а только разной величиной отстрочия. В тексте присутствуют и запятые — но они располагаются только внутри строк и отсутствуют на концах, где по правилам могли и быть (например, перед *но*). В середине текста появляется тире, которое выполняет пояснительно-соединительную функцию, функцию паузирования, а также определяет графический рисунок строк, в которых речь идет о рисунке звука:

    еще в сумерках ты нащупал звук —
        внезапный лай отдаленный — узор незнакомого смутного
перламутра
ты думал, что сможешь вернуть тот рисунок

По смысловой наполненности этот разбросанный и особо расчлененный на листе текст подобен музыкальной импровизации, тем более что он посвящен звуку и музыке, постепенно распространяющейся на все окружающие предметы. Текст написан от второго лица, но на самом деле оно может быть и первым. Гул города превращается в городскую музыку, которую лирический субъект ощущает прежде всего в транспорте, метро, где играют уличные музыканты. Постепенно весь мир становится играющим (*ты чувствовал, как мир играл, переходя в простой предмет*) и преображающим предметы вокруг в музыкальные инструменты (*Твой портфель на коленях под руками звучит / Словно ты гитару перевернув/ Струнами вниз / В желтом дереве музыку слышишь / Затрепетав, как лира полевая; Ты играешь пальцами / на сумке своей / или дереве старой гитары*). Но этот музыкальный смысл вносит в город ты-человек (*И хотя город каждым жестом своим / торжественно тебя опережает / он не произойдет без тебя*). Одновременно в транспорте порождается и визуальная картина – появляется узор смутного перламутра как отражение холода на окнах трамвая, но и он порождает «остекленную музыку».

Когда же Аристов пишет стихотворение о вышедшем собрании стихов Айги («К появлению собрания стихов Геннадия Айги», 2009), то он обходится только большими буквами, обозначающими значимые членения – выделения слов, словосочетаний и предикативных единиц, а также разного вида отстрочиями и разными интервалами между строками. В конце текста появляется значимое для Айги тире, а немного раньше многоточие, как бы переносящее текст на страницы книги Айги вместе со снежинкой:

Семитомник твой —
Ствол застенчиво выступает из тьмы
    вослед за другим стволом

Лес становится снова деревом
Поле горизонтом безграничную обозначает страницу

С чистого листа
   Мы считываем твой снег

Словно одна снежинка...

Тает — не тает
   Но именно та
   Нам остается как слово

        Твое[240]

В рамках стихотворения семитомник уподобляется стволу дерева, из которого сделана бумага. Деревья составляют лес — один из образов Айги, а страница становится подобной полю — другому важному образу поэта, обозначающему безграничное пространство. На ней, теперь уже как листе (имеющем двойной смысл: лист бумаги и лист дерева), возникает белый снег, воображаемый в форме снежинки, которая получает словесное воплощение — она тает, но оставляет слово на бумаге.

Совсем другая ориентация синтаксических конструкций и пунктуации у А. Драгомощенко. Его тексты преимущественно представляют собой сложные предложения, в которых много подчинительных и сочинительных связей, а значит и союзов и союзных слов, выражающих разнообразные отношения между частями. По своей организации они похожи на рассуждение, т.е. ряд мыслей в логически последовательной форме. Так, если мы возьмем фрагмент из стихотворения «Ludwig Josef Johann», посвященного Витгенштейну, то в нем 10 простых предложений (грамматических основ), которые соединены сочинительными и подчинительными связями, на месте их соединения стоят запятые, один раз запятая дополнена объяснительным тире, начинающим условное предложение с союзом *если*:

Фраза забыта, **однако** он [Витгенштейн] знает, **что** ее знают все,
причем они тоже забыли, более того, даже не знают, о **том**,
что она, не возникая в раю, обречена появлению, — **если**
рай, **как** полнота языка, постоянен в стремлении
за собственные пределы, фраза обещает лишь форму,
т.е. тень вне источника света, **но** между тем
забвение модально, оно расслаивается и образует
пространство, **в котором** что-то определенно известно[241].

---

240 Аристов (2011).
241 Драгомощенко (2011а, с. 15-16).

Между предложениями возникают противительные, присоединительные, изъяснительные и условные отношения, дополненные и объяснительной конструкцией *с то есть* (*фраза обещает лишь форму, / т.е. тень вне источника света*). Начиная рассуждение с того, что фраза забыта, поэт переходит к мысли, что из-за полноты языка она все же существует, поскольку забвение обладает модальностью, т.е. тоже выражает отношение к действительности, а значит, существует пространство, где она известна (*забвение модально, оно расслаивается и образует / пространство, в котором что-то определенно известно*).

В другом стихотворении «Изображение Плантации» логика развертывания поэтического смысла обнаруживается как в самих предложениях, так и на их границе. Если мы посмотрим на цепочку предложений, начинающих текст, то каждое последнее слово предыдущего предложения повторяется в первом слове следующего за ним (*расширением — расширение, отсутствие — отсутствие, недостаточно — недостаточность, предложение — предложение, часть речи — речь*):

Тавтология не является мыслимой точкой
равновесия значений, но описанием пространства
между появлением смысла и его **расширением**.
Расширение (игра по принятым правилам
на отвесном свету)
совмещается со строением **отсутствия**.
Отсутствие почти, — необходимый остаток, —
всегда **недостаточно**.
Недостаточность, стремясь к полноте,
заключает субъект в **предложение**.
Предложение длиться (бежать): продлевать след
угасания —
в итоге описано сочетанием «заглянуть за часть **речи**».
Речь расстилает пейзаж факультативности форм[242].

Таким образом, снова получаем форму рассуждения с объяснением хода мыслей, которые в рамках самих предложений содержат разъяснение в скобочных парентетических конструкциях, а также при помощи знаков тире, также проясняющих логику и последовательность мысли. В какой-то мере это отражает принцип «тавтологии», выведенный как в заглавие книги стихов поэта, так и отраженный в начальной позиции данного текста.

Посмотрим также, как за счет взаимодействия уровней формируется целостная структура текста, приобретающая особую поэтическую изобразительность. С этой точки зрения особо показательно «иконичное» стихотворение Г. Айги со значимым заглавием «Возникновение храма» (1981) В нем очень существенна ассонансная структура стиха, особенно в

---

242 Там же, с. 17-18.

соотнесении с свето-цветовой, обозначенной вербально (*голубое, серебряной, золота, светлости*):

```
                o                           o
              голубое                       o
                и                           и
поле — серебряной ниточкой — поле        о-е-и-о
            (и много)                     (и)-о
             золота                         о
             много)                         о
        вдоль — напряжение!                о-е
                И                           И
        Твердостью светлости              е(о)-е
             Ввысь²⁴³                       ы
```

Заметим, что только самые нижние 3 строки начинаются с заглавных букв, при этом союз И оказывается единственным в строке, что акцентирует его звуковое начало. Он как бы дублирует третье сверху строчное «и», которое наравне с «о» может быть названо «голубым». Обратим внимание и на то, что разница между служебными и полнозначными словами в этом тексте стирается, так как основным параметром организации становится вокализованная интонация, собственно и получающая выражение в ассонансной структуре. Начальное и верхнее «округлое» и лабиализованное «о», которое фигурирует как звукобуква, похоже на маковку церкви, уходящей в голубое небо, грамматически же оно скорее всего представляет собой междометие с доминантной эмоциональной основой. В самом же тексте «о» при чтении сверху вниз высвечивает ударением дважды «пространственное» существительное *поле*, дважды количественное наречие *много*, а также существительное *золото*, имеющее значение цвета, соотносимого как с куполами храма, так и со светом солнца. Затем «о» еще раз обнаруживается в пространственном наречии *вдоль*, а далее в абстрактно-качественном имени *твердость*, образующем генитивную синестетическую метафору со *светлостью*. Таким образом, «о» визуально получает то горизонтальную, то вертикальную направленность, и при этом оно доминирует среди гласных звукобукв (15 букв «О» + «Ё» в «твердости»).

Но хотя стихотворение читается сверху вниз, при сонорном воспроизведении заключительной становится строка с гласным верхнего подъема [ы], высокое напряжение которого задано предшествующим через строку [и]:

```
                И
        Твердостью светлости
             Ввысь
```

---

243 Айги (1981).

При этом эти последние три строки выделены заглавными буквами, поднимающими и визуально их над всеми предшествующими. И хотя [и] и [ы] по широте раствора рта являются наименее звучными, они оказываются наиболее напряженными: неслучайно прописное «и» следует за строкой с единственным интонационным восклицательным знаком препинания (вдоль — напряжение!). Этот восклицательный знак акцентирует в стихе вертикальное измерение, так как у Айги это, безусловно, и интонационный и визуальный знак, поднимающий текст вверх над строкой. Ту же функцию выполняют и заглавные буквы в этом стихотворении. По контрасту с этим и симметрично по отношению к строке с восклицательным знаком расположена строка с двумя знаковыми тире, наоборот, подчеркивающими горизонтальную протяженность:

поле — серебряной ниточкой — поле

А между ними три строки о множественности золота в скобках, однако, имеющих вертикальное раскрытие. Так, «золото» оказывается в самой середине стиха, как бы заключенное между двумя окружностями купола, причем на этот купол можно смотреть и из внешнего пространства (со стороны поля), и из внутреннего пространства храма (поскольку скобки заключают эти слова во внутреннюю, расширяющуюся к верху конструкцию):

(и много
золота
много)

Внизу же и наверху расположение слов, вводимых союзом «и» напоминает «крест».

Таким образом, у каждого из поэтов имеется своя система синтаксических, пунктуационных и графических средств, позволяющих оформить лексико-семантическое наполнение текста. В этих синтетических тактиках проявляет себя креативная функция языка. Каждый раз форма стихотворения отражает креативные процессы, в нем происходящие, а ее изменение позволяет каждый раз увидеть новые принципы порождения текста. Причем даже у одного автора обновление приемов организации текста происходит непрерывно, поскольку в той или иной мере эти приемы исчерпывают себя. А значит, каждый раз мы должны оценивать образный строй того или иного текста заново — в этом состоит сущность авангардной поэзии.

Интертекстуальность как источник креативности

Креативность текста может обнаруживать себя и в интертекстуальности, т.е. в восстановлении межтекстовых связей. Для читателя, опознавшего некоторый фрагмент текста как ссылку на другой текст (очевидно, что такого опознания может и не произойти), всегда существует альтернатива: либо продолжать чтение, считая, что этот фрагмент ничем не отличается от других фрагментов данного текста и является органичной частью его строения, либо — для более глубокого понимания данного текста — обратиться к некоторому тексту-источнику, благодаря которому опознанный фрагмент в системе читаемого текста выступает как смещенный. Таким образом, для понимания этого фрагмента необходимо фиксировать актуальную связь с текстом-источником, т.е. определить толкование опознанного фрагмента при помощи исходного текста, выступающего тем самым по отношению к данному фрагменту в метатекстовой функции.

Маркеры интертекстуальности могут носить как эксплицитный, так и имплицитный характер. Это означает, что в рассматриваемом тексте могут быть представлены или не представлены сведения об атрибуции заимствованного фрагмента. Рассмотрим несколько примеров.

Эксплицитный характер межтекстовой связи обнаруживается, например, в стихотворении С. Бирюкова «На тему Гнедова» с эпиграфом из Гнедова «У-безкраю»:

На тему Гнедова

             У-безкраю
             В. Гнедов

когда вотще каких годов
воскрылил Василиск Гнедов
и раптом разъерошил сим грозным
у-безкраю
что чудилось за этим У
какая мощь и неусыпность
и голодняк и ненасытность
и смерть Увы искуствууу
но все-таки ведь **У-безкраю**
Айги увидит Ю без Ю
и так провидеть жизнь свою
что и воскликнуть — **уверхаю**![244]

Само имя Василиска Гнедова представлено и в начальном фрагменте текста, а при дальнейшем его развертывании упоминается и произведение, из которого взят эпиграф, повторяющийся затем в тексте, — книга

---

[244] Бирюков (2013, с. 8).

«Смерть искусству» (Пятнадцать поэм) (1913). И действительно, *У-безкраю* находим в десятой поэме «Смерти в искусству», в тексте же Бирюкова этот интертекстуальный фрагмент позволяет сделать букву У ключевой в стихе (она даже подается как заглавная): У как бы размножается в названии цикла поэм «и смерть Увы искуствууу», а также способствует появлению в тексте неологизма *уверхаю*, авторство которого также принадлежит Гнедову, – его мы находим в стихотворении Гнедова «Летана»:

> **Уверхаю** лёто на муравой,
> Крыло уверхаю по зеленке.
> [...]
> **Уверхаю** лёто! Крыло **уверхаю**!..[245]

Параллельно в тексте задается и значимость буквы Ю, которая присутствует и в *У-безкраю* и в *уверхаю*, а также составляет всю 14 поэму в «Смерти искусству». При этом в тексте дается ссылка и на Г. Айги (*Айги увидит Ю без Ю*), в стихотворении которого «Девочка в детстве» (1963) как раз появляется формула Ю без Ю:

> и там на юру на ветру
> за сердцем далеким дождя золотого
> ель без ели играет
> **в ю без ю**[246]

Что касается самой буквы Ю, то ее можно воспринимать или как окончание глаголов первого лица единственного числа[247], наравне с У, или, как считает Т. Грауз[248], формой винительного падежа от краткой формы местоимения «она» в церковно- и старославянском языке (в современном русском – её), а если учитывать и *У-безкраю*, то и особым окончанием существительных родительного падежа единственного числа на –ай. Здесь также можно вспомнить и лермонтовские строки *Я без ума от тройственных созвучий / И влажных рифм — как например на ю* (1839), и блоковские — *О, весна без конца и без краю — / Без конца и без краю мечта!* (1907). И, видимо, этот список интертекстуальных ассоциаций можно расширить.

Для нас же важно то, что установление межтекстовых связей создает приращение смысла в данном тексте, поскольку его семантика формируется посредством ссылок на тексты предшественников. Даже более того,

---

245 Гнедов (1913).
246 Айги (1963).
247 По версии Н.-А. Нильссона, «это глагольное окончание первого лица замещает собой ряд отсутствующих здесь глаголов... [...] окончание — Ю говорит, что "Эго", поэт, контролирует и определяет любые виды глаголов, все возможные действия» (цит. по Павловец 2009).
248 Грауз (2018).

смысл данного текста будет не понятен без раскрытия межтекстовых связей с этими текстами.

В текстах же, где атрибуция маркера интертекстуальности не представлена, расшифровка межтекстовых связей полностью зависит от объема литературной памяти читателя. Так происходит, например, в стихотворении К. Капович «Уроки балета»:

Между Дега и Тулузом-Лотреком,
между шаром и летающим шаром,
между серебряным веком и грубым,
между шпагатом и полушпагатом.

Между пуантом и пробным «апломбом»,
также меж циркулем и полукругом,
будто не прыгает жизнь по ухабам
а мотыльком крылышкует по клумбам —

в тапочках розовых, в платье балетном
тихо взлетает дитя над паркетом
в мире пустом, никаком, беспредметном
вся освещенная светом, о, светом[249].

Здесь неологизм *крылышкует*, служащий предикатом к жизни, ассоциирующейся с девочкой-балериной, отсылает к знаменитому стихотворению В. Хлебникова «Кузнечик» (1908-1909) и без этого соотнесения не может правильно семантизироваться:

Крылышкуя золотописьмом
Тончайших жил,
Кузнечик в кузов пуза уложил
Прибрежных много трав и вер.
«Пинь, пинь, пинь» — тарарахнул зинзивер.
О, лебедиво!
О, озари![250]

Правда, в тексте Капович жизнь «крылышкует» мотыльком, а не кузнечиком, что позволяет понимать этот предикат расширительно — в значении 'летать при помощи крыльев'. Связь же с текстом Хлебникова наполняет стихотворение Капович утонченным метафорическим смыслом, связанным с золотописьмом (*Крылышкуя золотописьмом Тончайших жил*), что повышает его потенциал креативности.

---

249 Капович (2013).
250 Хлебников В. Творения. М., 1986. С. 55.

Часто в одном тексте бывает представлено несколько интертекстуальных соответствий, которые вступают друг с другом в сложное взаимодействие. Так происходит, например, в стихотворении В. Павловой «Жуть. Она же суть. Она же путь...»:

> Жуть. Она же суть. Она же путь.
> **Но года склонили-таки к прозе:**
> **Русь, ты вся желание лизнуть**
> **ржавые качели на морозе.**
> Было кисло-сладко. А потом
> больно. И дитя в слезах бежало
> по сугробам с полным крови ртом.
> **Вырвала язык. Вложила жало**[251].

Здесь три интертекстуальных отсылки. Первая заложена в строке *Но года склонили-таки к прозе*, которая является трансформированной цитатой по отношению к пушкинской строке из «Евгения Онегина» *Лета к суровой прозе клонят*. Это строка, имеющая разговорный характер (ср. *склонили-таки*), снижает всю тональность стихотворения. Затем и строки *Русь, ты вся желание лизнуть / ржавые качели на морозе* переносят в бытовую плоскость имплицированные возвышенные строки В. Хлебникова, в которых Русь на морозе связывается с поцелуем и устами:

> **Русь, ты вся поцелуй на морозе!**
> Синеют ночные дорози.
> **Синею молнией слиты уста,**
> Синеют вместе тот и та.[252]

А в самом конце аллюзия *Вырвала язык. Вложила жало* к пушкинскому «Пророку» (ср.: *И он к устам моим приник, / И вырвал грешный мой язык, / И празднословный и лукавый, / И жало мудрыя змеи / В уста замершие мои / Вложил десницею кровавой*) оказывается сниженным вариантом пушкинского текста. Таким образом, процесс зарождения поэтического дара соотносится у Павловой не с шестикрылым серафимом, а с бытовой, прозаической ситуацией страдания ребенка при соприкосновении его языка с холодными ржавыми качелями, при этом данный процесс воспроизводится так же физиологично, как и у Пушкина (ср.: десницею кровавой — с полным крови ртом)[253].

Рассмотрим еще один текст, который сложнее предыдущих тем, что он целиком является перепевом целого стихотворения — мы имеем в виду стихотворение Андрея Родионова «Девочки пели в масках в церковном хоре...», соответственно исходным образцом для него выступает стихотворение А. Блока «Девушка пела в церковном хоре...» (1905). Родионов

---

251 Павлова (2006).
252 Хлебников В. Творения. М., 1986. С. 165.
253 См. также Шишкина (2013, с. 122).

меняет тональность своего текста по отношению к блоковскому — она становится трагической, но с оттенком иронии:

> Девочки пели в масках в церковном хоре.
> Богородица, выгони Путина вон.
> У Надежды Толоконниковой плакал ребенок,
> А Достоевский не велел, чтобы плакал он.
>
> И храм был страшен, как панк-молебен,
> И их тогда отвели в тюрьму,
> Красиво одетых нежных царевен
> Под масками слез не видать никому.
>
> Все плакали тихо, но вой был жуток,
> И лишь далеко в кирпичном Кремле
> Причастный к тайнам плакал Путин,
> На что Федор Михалыч как раз положительно смотрел[254].

Как мы видим, текст Родионова развивается по новому сценарию — обыгрывается история группы «Пусси-Райт», девочки которой также пели в храме, но совсем о другом, чем блоковская девушка (*О всех усталых в чужом краю, / О всех кораблях, ушедших в море, / О всех, забывших радость свою*[255]). Причем в мелодическую канву блоковского текста вводится и ссылка на Достоевского о плаче (слезе) ребенка, обыгрывающая слова блоковского текста *Причастный тайнам, — плакал ребенок*. В тексте Родионова сначала действительно плачет ребенок Надежды Толоконниковой, а в конце причастным к тайне выступает плачущий Путин, что получает одобрение Достоевского (*На что Федор Михалыч как раз положительно смотрел*).

Вся сила воздействия этого текста заключается в том, что за ним стоит контрастный блоковский текст. Родионовский текст, излагающий современную историю, как бы переворачивает блоковский текст наизнанку, вписывая ее в современный политический контекст. При этом ретроспективно блоковский текст не изменяет своей «просветленной» тональности, она лишь рельефнее высвечивает измененный вариант современного текста, придавая и ему некоторую возвышенную тональность.

Этот текст демонстрирует, что «соотнесенность с образцом, его воспроизведение при одновременном искажении и осмеянии расчищают пространство для новаторства, творческого вымысла и самовыражения»[256].

---

254 Родионов (2012).
255 Блок (1960, с. 79).
256 Пьеге-Гро (2008, с.165).

«Расщепленный субъект» в современной поэзии: креативные стратегии[257]

Креативность проявляет себя и на уровне целостной организации текста, а именно в способах представления в тексте категории лирического субъекта.

Заявленные в эстетике постмодернизма топосы «смерти субъекта» (М. Фуко) и «смерти автора» (Р. Барт), а также замена позиции автора на позицию скриптора, не могли не сказаться на структурной организации лирических произведений и их восприятии. В этой парадигме «лирический субъект» стал проблемной категорией, однако по отношению к современной поэзии нельзя говорить о ее элиминации как организующего начала текста. Видимо, само это понятие подверглось сущностной эволюции[258]. «Лирический субъект» перестал пониматься как целостный носитель сознания и речи, отражающий авторскую точку зрения на мир, а начал восприниматься как нетождественный автору конструкт, который моделируется в тексте и не существует вне его рамок[259]. В этом смысле Я-пишущий (говорящий) становится лишь инстанцией текста.

Особенностью лирики последнего времени является то, что пишущий субъект все более отчуждается от своего текста, становясь в позицию постороннего наблюдателя. В этом смысле субъект текста становится «расщепленным» на Я пишущего, непосредственного порождающего речевые структуры текста, и другого Я, выступающего как рефлектирующая инстанция по отношению к первой. Такая «расщепленность» субъекта отражена у Ж. Лакана:

> Видит он [субъект] себя безусловно в пространстве Другого – больше того, та точка, из которой он глядит на себя, сама находится в этом пространстве. Но это одновременно и та точка, из которой он говорит[260].

Согласно же Ж. Деррида, единого, цельного субъекта письма вообще не существует, как и «чистого восприятия»: акт письма всегда оказывается отделенным от своего субъекта и не тождественным ему:

> Мы пишем с помощью некоей инстанции внутри нас, которая всегда и заведомо наблюдает за нашим восприятием, будь оно внутренним или внешним[261].

---

257 Впервые опубликовано под названием: «"Расщепленный субъект" в современной поэзии: обнажение приема». Фатеева (2019б).
258 См. также Штраус (2009, с. 3).
259 См. Weststejn (1987, S. 124).
260 Лакан (2004, с. 154-155).
261 Деррида (2000, с. 372).

Таким образом, субъект письма — это всего лишь «система отношений между различными инстанциями»[262]; в этом смысле в письме всегда наличествует «другой», по отношению к которому проявляется та или иная инстанция.

Наша задача — применить концепцию «расщепленного субъекта» к анализу современных поэтических текстов. Для анализа мы выбрали из корпуса современных поэтических текстов только те, в которых «расщепленность» становится обнаженным приемом. На этом материале мы выделили целый круг **креативных** (и в то же время, коммуникативных) **стратегий**, посредством которых субъект обнаруживает свое рефлексивное начало в тексте. При этом мы прежде всего учитываем то, как сами поэты трактуют понятие субъекта и оценивают себя как творящую личность.

Первую стратегию можно назвать **метаязыковой**, когда пишущий субъект непосредственно оценивает свой текст с точки зрения того, как он пишется и насколько в нем проявляется пишущее Я. Крайним выражением такой стратегии можно считать тексты, в которых Я и сами фрагменты написанного текста берутся в кавычки. В этом смысле «Я» становится метаязыковой категорией, а в самом тексте вырастает количество и значимость метатекстовых компонентов. К таким текстам можно отнести многие тексты Аркадия Драгомощенко, в которых отражен *вероятный процесс / извлечения себя / из языка/ извлекаемого из себя*, и тексты Бориса Бергера, в которых возникает «промежуток» между «Я» и «пишу». Ср. у Драгомощенко:

И «я» отслаивается от «я» в зрении,
Идущем по шагу вслед за «я знаю, что я пишу»[263];

Я ненавижу «я», сидящее в том, что пишется,
как заноза в фарфоровой копии ступни мальчика,
изымающего занозу[264].

А также у Б. Бергера:

Но самое главное — между «я» и «пишу» —
Тут обозначено словом «стихи»,
Но написано позже отдельно,
Потому что оно рифмуется
С «промежутком» между «я» и «пишу».[265]

---

262 Там же.
263 Драгомощенко (2011а, с. 28).
264 Драгомощенко (2005).
265 Бергер (2013).

Причем у Драгомощенко расщепление на Я и Я-другой демонстрирует внутреннюю связь между письмом, зрением и чтением, как бы подчиняясь положениям Деррида о том, что

> автор представляет собой сочетание как минимум двух субъектов — субъекта чтения и субъекта письма. В момент написания текста автор интерпретирует другие тексты, то есть читает их, а эти тексты, в свою очередь, выполняют не столько роль источника вдохновения или критики, сколько роль той самой «надзирающей инстанции» (системы письма), которая децентрирует субъекта[266].

Сам поэт так определяет состояние:

> Читатель (надо признать, что прежде всего я являюсь читателем, хотя смысл самого слова постепенно теряет вразумительность, и когда-нибудь я также познаю сладостную утрату различий) находит себя в некоем турбулентном контрпространстве «непрерывных потоков содержания и выражения», которое ни в чьей власти присвоить: ни пишущему, ни читающему, так как значения здесь не организованы вокруг какой-либо точки. В этом, меняющей себя разнонаправленности, месте остаётся одно — писать[267].

Эта же мысль отражена в его поэтических текстах:

> Читать, т.е. писать — что-то вроде уравнения
> закрытых глаз,
> ретенциального зрения в складке утреннего вещества —
> [...]
> Приблизительно так начинается чтение / письмо[268].

В таком контексте появляется и реальный другой «Ты», которому адресован текст:

> Я не знаю, что я пишу, однако при этом
> знаю, что возникает в твоем чтении.[269]
> --
> Я знаю, что я пишу, но я не знаю, что ты читаешь.
> Совпадает ли мое знание с границами
> Твоего представления? О том, что знаю я;...[270]

Однако граница между расщепленным субъектом (Я, Я-другой) и Другим очень зыбкая, и одна из этих инстанций связывается поэтом со «словесным телом»: [пыль] *Неуловима и бессонна, как «другой», / В словесном*

---

266 Цит. по: Кротков / Манохин (2010, с. 160).
267 Драгомощенко (2011б).
268 Драгомощенко (2011а, с.118).
269 Там же.
270 Там же.

теле чьем «я» западней застыло[271]. Как мы видим, в подобного рода текстах субъектное начало может получать выражение не только в форме местоимения первого лица единственного числа, но и принимать форму Ты и Мы (*Видим, как «мы» расслаивается на «я» уравнений времени*[272]), что в общем случае соответствует позиции не-Я *Письмо превращает нас... (не меня, ни тебя, никого, в «не»-начало)*[273], т.е. пишущего не как субъекта, а как «инструмента языка». При этом не-Я и Я взаимно отражаются друг в друге, что получает объяснение в прозаическом фрагменте из книги «Тавтология» (2011):

> Прагматика — производство/расширение субъективности... etc. Не о том, о *чем* говорить, не о том, *как* говорить, — но *кто* говорит. Кто же, интересно? Истоки «смерти автора» в Упанишадах. А у Чжуан-цзы так: «[Каждая] вещь — это "я", [но каждая] это и "не-я". Каждый не видит свое "не-я", но поймет это [лишь] познав себя [как "не-я"]. Поэтому и говорится: "не-я" появляется из "я", а "я" также — следствие "не-я". Учение гласит: "я" и "не-я" выявляются в сравнении друг с другом. И далее жизнь [возникает] тогда, когда [возникает] смерть»... субъекта речи[274].

Еще ранее эта же мысль об отраженности Я в не-Я и их взаимного обмена выражена поэтом в стихотворении «Возможность исключения» из книги «Ксении» (1993):

> Тело не что иное как театр зеркал,
> направленных «внутрь» неверным пасмурных зрением.
> Мне не нужно писать обо всем, чтобы себя убедить,
> будто написанное — существует.
> Следовательно, другое
> причиной: нежность обмена меня на не-я[275].

Отстраненность лирического субъекта при метаязыковой рефлексии может быть отражена уже в самом заглавии, как это происходит в стихотворении В. Гандельсмана «Рядом» (2009). При этом отношения между Я и не-Я становятся метонимическими (т.е. смежными в пространстве и во времени) и осуществляются при помощи слова или словесного творчества:

> Слово, родившись, не помнит своей немоты.
> Впрочем, бывает, идёшь и внезапно — не ты.
>
> Некто, врасплох потерявший себя... Голубой
> странно любить небосвод посторонним собой.

---

271 В поэзии А. Драгомощенко «пыль» является текстопорождающим началом; см. об этом: Петровская (2013).
272 Драгомощенко (2011а, с. 23).
273 Там же, с. 125.
274 Там же, с. 205.
275 Драгомощенко (1993).

Странно, как если б то самое слово, влегке,
вышло пройтись с тишиной своей на поводке[276].

Такой ракурс виденья характеризуется как «странный» и переход к нему задается через оживший фразеологизм «потерять себя», который контаминируется с другим фразеологизмом «застать врасплох». Заключительное двустишие переносит все написанное в сферу метаязыка, что задается начальной строкой стихотворения. Родившееся слово приобретает способность передвигаться по мере того, как само лирическое «Я» начинает смотреть на себя со стороны, облекая себя в форму второго лица Ты и возвратного местоимения *собой* (*посторонним собой*). Слово, теряя немоту, отделяется от лирического Я, ровно как субъект *слово* отделяется наречием *влегке* и границей строки от предиката *вышло пройтись*, и это состояние или действие характеризуется как «прогулка с собакой на поводке». Однако вместо «собаки» мы имеем «свою тишину слова», предшествующую его рождению, но не способную отделиться от слова, поскольку оно «на поводке».

Вторая стратегия может быть названа **интертекстуальной**, когда пишущий субъект определенным образом выстраивает свой текст на пересечении прецедентных текстов и фактически оказывается в центре оппозиции «свой» / «чужой». Андрей Поляков называет такую позицию пишущего Я «семиотическим» телом, которое определяет как «сгусток семиосферы», а свои тексты считает частью «дискретно-всеобщего знакового универсума»:

> [...] в более широкой перспективе все, что я сочиняю и осознаю как нечто «свое», — никогда не замкнуто, открыто в пространство всей культуры, является частью (отъемлемой или неотъемлемой — это как посмотреть) дискретно-всеобщего знакового универсума, и осознание этого факта важно для меня при письме. Это «свое» вполне условно, хотя бы потому, что мое пишущее «я», моя т.н. «личность» (я честно не понимаю, о какой еще «пишущей инстанции» может идти речь) является семиотическим телом, сгустком семиосферы, т.е. — той же культуры, взятой в ее динамике. Любой текст пишется всеми другими текстами, ассимилированным семиотическим телом, из которого оно, собственно, и состоит; вероятно, в просторечии это и именуется диктатом музы...[277]

При этом поэт отмечает важность того, чтобы цитаты («чужие голоса») имели признак *другости*, чуждости и опознавались как *чужеродные* первым лицом единственного числа. Именно в этой проекции возникает игра в «от-чуждение» и «при-своение» по отношению к Я:

---

276 Гандельсман (2009).
277 Поляков (2007, с.24-25).

У цитат, вообще у «чужих голосов», у посвящений и отсылок есть еще одна особенность, едва просвечивающая сквозь текст оборотная сторона стихотворения, первостепенная важность и несомненность которой — во всей ее другости, чуждости, чужеродности — имеет значение только для меня. Ведь значимо... не просто чужое, но чужое-узнанное, опознанное как чужое, как истинно существующее (и в этом отличие чужого от неопознанно-несуществующего). Причем опознанное как чужое именно первым лицом единственного числа, которое все что угодно, может вернуть и отзеркалить. Даже собственное лицо.[278]

Само же Я может как присутствовать в тексте, так и становиться только «голосом», и весь текст становится способом рефлексии над семиотическим потенциалом культуры. Так, у самого А. Полякова находим оба способа включения лирического субъекта в интертекстуальный контекст и таким образом расщепления его на Я пишущее («семиотическое тело») и Я «интертекстуальное», открытое в пространство «чужих» текстов. Первый из них представлен в стихотворении «Дом», в котором Я определяет свою языковую принадлежность, живя в Крыму:

> Этот дом как река, что скользит неизвестно откуда
> или дым в облаках, что сквозит неизвестно куда
> Он не ближе Итаки, и это похоже на чудо
> Он не дальше Тавриды, и это, похоже, беда.
> [...]
> Но который здесь я? Как сюда занесло, где носило?
> Я Улиссом ли плыл иль за смертью Кощеевой шёл?
> Позабылась, как сон, то ли Греция, то ли Россия...
> Что любил — разлюбил. Что искал — ничего не нашёл.
> Хоть бы имя своё отыскать, хоть бы слово живое
> прокричать изо рта на забытом родном языке![279]

Здесь мы видим прямые интертекстуальные отсылки к герою «Одиссеи» Гомера и к роману Д. Джойса «Улисс», построенному по плану «Одиссеи», а также к широкому полю русского и восточнославянского фольклора, связанного с мифом о Кощее, смерть которого спрятана в нескольких вложенных друг в друга волшебных животных и предметах.

Второй из них представлен в стихотворении «Бывает так, что жизнь идёт...», в которых обнаруживаются прямые отсылки к Мандельштаму («Мы в каждом вздохе смертный воздух пьем» [1916]; «И, спотыкаясь, мертвый воздух ем» [1937]), а также стремление вступить в прямой диалог с ним:

> А в синем воздухе весны
> смертельный ветерок

---

278 Там же, с.27.
279 Поляков (2014).

играет с правой стороны
   настолько между строк

что если даже Мандельштам
воскреснет, я скажу:
   — Ступай назад! — тирим-парам! —
   и крестик покажу[280].

Третью стратегию можно назвать стратегией частичного **«у-странения»** **и «от-странения»** (П. Барскова[281]). Она связана с возможностью для рефлектирующего субъекта самому определять позиции разной степени приближенности или удаленности Я от Я пишущего путем замены его на позиции второго и третьего лица (Ты, Он, Она). Эта стратегия присутствует в цикле Марии Степановой «SPOLIA» 2014 года, опубликованном на сайте Гефтер.ру[282]. В стихотворениях цикла нет полного отказа от Я, но субъект как бы примеривает на себя маску третьего лица (Она), у которого *нет Я*, однако при этом как раз и обнаруживается невозможность обходиться без личностного начала Я.

Так, внутри первого же стихотворения цикла с начальными строками *если собрать в кучу, было сказано вот что — ... мы находим одновременно и субъекта третьего лица (Она) который не может говорить самостоятельно (она не способна говорить за себя, / потому в ее стихах обязательны рифмы / и фальсифицируются отжившие формы)* и неизвестно, где его Я, поскольку она говорит «чужими голосами» (*где ее я, положите его на блюдо / почему она говорит голосами*), и субъекта первого лица (Я) (*я не останусь воздухом волноваться / звукоулавливаться*). При этом заявляется, что тот, у кого нет Я, не может присвоить себе ничего, в том числе и текст (*почему она говорит голосами / (присвоенными, в кавычках): / у кого нет я, ничего присвоить не может*). В то же время само Я становится условной текстовой категорией, которой могут быть приписаны любые качества и которое может принимать различные облики, даже неодушевленных предметов и действительно говорить «чужими голосами» (*я бублик, я бублик, говорит без-себя-говорящий [...] я земля, провожаю своих питомцев*). В этой парадигме Я может и исчезать, принимая нулевое значение (*у кого внутри творожок, у меня другое [...] а у меня дырка, пустая яма*), так что получается, что субъект, у которого *нет Я* (субъект третьего лица), и само Я (субъект первого лица) почти уравниваются, что и создает возможность отчуждения и отказа от Я-говорения:

---

280 Там же.
281 Ср. в стихах П. Барсковой: *Для данного состояния необходимы у-странение и от-странение, / Устраненье себя, способность переливаться в иное*. Барскова (2008, с. 105).
282 Степанова (2014).

> у кого нет я,
> может позволить себе не-явку,
> хощет отправиться на свободку.

Но ближе к концу цикла оказывается, что невозможно обойтись без личного начала Я, и в то же время обнаруживается, что Я это не что иное, как язык, и в этой проекции Я (оно же не-Я) становится не субъектом, а адресатом, получающим статус Ты:

> учу обойтись без я: но кто без меня обойдется!
> я пойдет за тобой, отсюда до смертного часа
> будет стучать тебе в уши, покуда не скажешь «вот я!».
>
> я говорю не за рупь, не часок скоротать до парома
> (это ты говоришь, а не я — я твой родной язык,
> у тебя во рту ему тесно, в моем он начал болтать)
>
> пока мы спим, я думает о тебе

Что же касается отношения Я-Она, то оно становится интертекстуальным и в нем закладывается отчуждение от своей собственной манеры письма в пользу стилизации и повторения, при этом субъект первого лица находится как бы на втором плане (в скобках):

> пусть сама она выйдет и что-нибудь скажет
> (а мы послушаем тебя)
>
> она не выходит
> это у нее не выходит
>
> говорение от сердца
> (чайковской! я скрывать не стану)
> у нее неискренне выходит
> и даже кажется, что это говоренье
> чего-нибудь повторенье
>
> это она все что-нибудь стилизует
> наряжает мертвое как живое
>
> где неповторимая интонация,
> трепетное дыханье,
> узнаваемая с трех нот
> уникальная авторская манера?

А далее постепенно через пародийную, перевернутую цитацию строк Пушкина (*словно быстрый холод вдохновенья / на челе у ней власы не подымал*[283]) возникает проекция на стратегию «мерцающего» субъекта[284] Д.А. Пригова, в которой субъект скрывается за сложным переплетением чужих дискурсов и речевых масок (*— ладно, я пригов — / скажу, от вас упрыгав*).

Такую свою творческую позицию сама М. Степанова разъясняет в интервью с Линор Горалик, отвечая на ее вопрос «Как у вас устроены отношения между "я", "я-автором" и "я-персонажем" (по текстам кажется, что это очень важная тема)?»[285]. Степанова отмечает, что ей всегда важно «выйти из собственной системы координат до такой степени, чтобы вместо "себя" описывать сорт бумаги и степень её потёртости»[286]. Поэтому переход к прямому высказыванию от «Я» для нее гораздо сложнее, чем дистанцирование от личностной позиции:

> Похожим образом, кажется, у меня устроены отношения с «я» в стихах: все Степановы и Сидоровы[287], которые там разговаривают, — что-то вроде фигур (фигурок скорее) дистанцирования. Важно здесь то, от чего приходится отстраняться в каждом конкретном случае; и тип письма, и голос рассказчика определяются углом отталкивания, что ли; быть-этим приходится, чтобы не-быть-вот-тем. Иногда (хотя совсем редко, если не ошибаюсь) одной из фигурок приходится притворяться первоисточником, носителем прямого высказывания, как-бы-автором. Случаев настоящей прямизны я за своими текстами знаю совсем немного, два, кажется, или три — и каждый раз это было

---

283 Сравним исходный текст Пушкина: Когда сменяются виденья / Перед тобой в волшебной мгле / И быстрый холод вдохновенья / Власы подъемлет на тебе... («Жуковскому», 1818) (Пушкин 1977, с. 298).

284 Стратегия «мерцающего» субъекта Пригова разъяснена в работе Корчагин (2013, с. 11) со ссылкой на М. Липовецкого: «В поэзии Пригова действовал сложный, мозаичный субъект, который располагался в едва обнаружимом зазоре между различными модусами речи: один тип речи плавно перетекал в другой, и субъект всегда находился в поле притяжения того или иного дискурса, лишь в присутствии которого он обретал подобие собственного голоса. В то же время любой из этих дискурсов всегда представал в вырожденной, нарочитой форме, благодаря которой создавалось впечатление, что транслируемая речь не в полной мере принадлежит субъекту. Как пишет Марк Липовецкий: "Пригов говорит о том, что, работая над текстами [...], он "в какой-то момент искренне впадает в этот дискурс", стремясь совместить временное "влипание" с необходимым отчуждением и критикой дискурса (именно такую стратегию он определяет как "мерцание"). Другими словами, субъект поэзии Пригова расщеплен на две инстанции, одна из которых отвечает за некоторый дискурс, а вторая — за его "отчуждение" и "критику". Между этими двумя инстанциями происходит сложное взаимодействие, и далеко не во всех случаях между ними можно провести границу» (внутренняя ссылка на работу Липовецкий 2013, с. 28).

285 Степанова (2008а).

286 Там же.

287 Имеется в виду произведение М. Степановой (2008б).

ответом, быстрой реакцией на внешний источник боли. И, надо сказать, во всех этих случаях я не вполне довольна результатом[288].

Соответственно, четвертая — **ролевая** стратегия, в которой субъект также является расщепленным: одна из его инстанций — это ролевой субъект, литературная личность, под маской которого выступает авторское «Я», вторая принадлежит самому пишущему субъекту, хотя граница между ними может колебаться от «предельного различия до предельной неразличимости»[289]. Эта стратегия обнаруживается, например, в книге Виталия Кальпиди с говорящим названием «Контрафакт. Книга стихов и поэтических римейков» (2010)[290], где ролевой субъект, выступающий под маской «маленького человека», все время меняет свой речевой облик, подвергаясь в разных римейках трансформации в зависимости от индивидуально-стилевой принадлежности оригинала (в книге представлены римейки стихотворений Ф. Тютчева, Н. Заболоцкого, Б. Пастернака, О. Мандельштама, И. Бродского).

Наибольший интерес представляет римейк стихотворения Б. Пастернака «В больнице». Если у Пастернака текст подается от третьего лица и только в конце поэт передает размышления больного на грани жизни и смерти от первого лица, в котором просвечивает авторское Я, то у Кальпиди весь текст построен от первого лица ролевого субъекта, под маской которого скрывается пишущий Я. В самом римейке текст Пастернака трансформируется и стилистически, и содержательно. Вместо благодарного обращения к Богу, замыкающего текст Пастернака, у Кальпиди звучит голос человека, с одной стороны, охваченного страхом и неверием, с другой — оглядывающегося на текст Пастернака, снижая его высокую тональность. При этом ролевой субъект в результате пародийной интерпретации приобретает черты не только собственно больного, но и отраженно — пишущего субъекта, который собственно и порождает текст римейка. Ср.:

«В больнице» Б. Пастернака (1956)	Римейк В. Кальпиди (2010)
О господи, как совершенны Дела твои, думал больной, Постели, и люди, и стены, Ночь смерти и город ночной.	О Боже, куда мне складировать боль? Зашитый на скорые нитки, я сутки её добываю, как соль, промышленным способом пытки.
Я принял снотворного дозу И плачу, платок теребя. О боже, волнения слезы Мешают мне видеть тебя.	Ты требуешь просьбы. Вот я и прошу. Не знаю чего, но прошу же. Рулонной бумагой повязку сушу и пробую сделать потуже.

---

288 Степанова (2008а).
289 Бройтман (2008, с. 113).
290 Кальпиди (2010).

> Мне сладко при свете неярком,
> Чуть падающем на кровать,
> Себя и свой жребий подарком
> Бесценным твоим сознавать[291].
>
> И вот я лежу пред Тобой на спине,
> живот прикрывая подушкой.
> Я верю в Тебя, но не верю *Тебе*,
> всё время боюсь потому что.

Очевидно также, что в данном случае мы имеем дело с наложением ролевой и интертекстуальной стратегий.

Пятая стратегия противостоит первым четырем тем, что рефлексия пишущего субъекта направлена не на «словесное» или «семиотическое» тело, а на физическое тело самого субъекта. Согласно этой стратегии, текст превращается в описание тела как сущности, отчасти внешней по отношению к Я, но в то же время являющейся его собственной неотъемлемой частью. Описание подается сквозь призму ощущений Я, которое наблюдает за «посторонним собой» на границе сознания и телесности. Эта стратегия, назовем ее **телесной**, обнаруживается в более ранних текстах Марии Степановой («О близнецах» [2001], «Физиология и малая история» [2005]) и Евгения Поспелова («Мост через океан» [2010]).

Особо показательным в этом отношении является стихотворение Е. Поспелова, в котором лирический субъект «отчуждается» не столько от своего сознания, сколько от своей телесной оболочки, которую он воспринимает как бы со стороны внешнего по отношению к себе «человека»:

> Просыпаюсь — и каждый раз на себе нахожу
> лицо человека,
> которого мне не спасти. —
> Веки вздрогнули,
> услышали уши,
> губы смеются, вторя глазам —
> всем весело быть мной.
>
> Только мне как-то не по себе пробуждать
> этого человека.[292]

При этом акцент делается на голову и лицо, на их составляющие части, связанные с восприятием (веки, глаза, уши, губы): они становятся одушевленными и существующими помимо субъекта («всем весело быть мной»). Постепенно в акте пробуждения субъект вновь присваивает их себе, подчиняясь возвратности, которую создают возвратные местоимения («и каждый раз на себе нахожу лицо человека»), и в то же время осознание этого доставляет ему болезненность и некомфортность (*Только мне как-то не по себе пробуждать / этого человека*).

Акт пробуждения отражен и в стихотворении М. Степановой из книги с говорящим названием «О близнецах»:

---

291 Пастернак (1989, с. 102-103).
292 Поспелов (2010, с. 62).

> Вот кожа — как топлено молоко.
> Мороз и солнце над ее долиной.
> Стемнеет, кругол, куст неопалимый.
> Хребет хрустит, и тень под кулаком.
>
> Подснежена закраина плеча.
> По ней лыжня неспешная бегома
> Вдоль живота, где жар и жир скворчат
> Яичницей с флажком бекона.
>
> Полмертвую рукой расправлю кисть
> Листом капусты, что зубами грызть.
> Свернувшись в раковине тесной
> Ушной, душно́й или очесной
> Еще ты дремлешь, дух прелестный, —
>
> Взмороженная, как треска.
> Створоженная, как тоска.
> Проброшенная, как доска,
> Лежу лежмя, как неизвестный[293].

Безусловно, это стихотворение устроено гораздо сложнее, чем стихотворение Е. Поспелова, поскольку в нем телесная стратегия взаимодействует с интертекстуальной, с прямыми отсылками к Пушкину, расширяющими пространство самого субъекта (*Мороз и солнце над ее долиной*) и образующими диалог сознания и тела (*Свернувшись в раковине тесной / Ушной, душно́й или очесной / Еще ты дремлешь, дух прелестный*). В то же время субъект женского пола теряет здесь свою гендерную принадлежность и выступает как представитель рода человеческого (*Взмороженая [...] Створоженная [...] Проброшенная [...] Лежу лежмя, как неизвестный*). Разбирая это стихотворение, Е. Вежлян отчетливо показывает взаимодействие двух указанных стратегий и констатирует «расщепленность» субъекта как «внеположенность его самому себе»:

> Берется, скажем, пейзаж (пушкинское «мороз и солнце, день чудесный») — описание «мира», внешнего по отношению к лирическому «я», и превращается в описание тела как пространства, такого же внешнего по отношению к «я» лирического высказывания, но находящегося непосредственно на его, то есть лирического «я», телесных границах. Временной же рамой стихотворения становится момент «пробуждения», который здесь описывается феноменологически — как набор ощущений этого самого «я». Собственно, «я», которое говорит, — и есть главный герой этого стихотворения. Оно до предела

---

293 Степанова (2001а).

тематизировано: подчеркивается неясность его локализации, вплоть до внеположности его самому себе, его отчужденность от тела и сознания («еще ты дремлешь, дух прелестный»).[294]

Таким образом, телесная стратегия обнажает саму идею «расщепления» субъекта и делает ее буквально «телесной».

Как мы видим, перечисленные креативные стратегии могут меняться и чередоваться у одного автора (ср. разные циклы М. Степановой), они также могут взаимодействовать и накладываться друга на друга (как у В. Кальпиди и М. Степановой), создавая более сложную систему зависимостей в рамках «расщепленного» субъекта.

---

294 Вежлян (2012).

Заключение

Обнаруженные нами продуктивность и парадигматичность выше проанализированных новообразований и грамматических явлений, а также обнаруженные нами типы организации категории лирического субъекта в поэтическом тексте позволяют утверждать, что модели их порождения потенциально заложены в языке, и это дает возможность каждому из этих явлений реализовывать себя в индивидуально-авторских формах. Следует также отметить особенности восприятия этих форм читателем. Как пишет Т.В. Устинова, —

> языковые девиации субъективно воспринимаются читателем как обладающие разной степенью нестандартности / девиантности и располагаются в диапазоне от «совершенно не интерпретируемых» авторских новообразований, вызывающих коммуникативный шок, до «не вызывающих трудностей интерпретации» мотивированных отклонений, потенциально развивающих возможности, заложенные языковой системой[295].

Можно сказать, что чем выше креативный потенциал нестандартной языковой или текстовой формы, тем она менее окказиональна. Это означает, что рефлексивные векторы языковой личности поэта и рефлексивные векторы языковой личности читателя относительно этой формы однонаправленны и вместе работают на расширение эстетических возможностей языка. Задача же лингвиста как читателя-исследователя, как считает М.Н. Эпштейн[296], —

> не только изучать художественную словесность, но и вносить ее творческий потенциал в общенародный язык, находить те лексические и грамматические формы, которые оживлены гением поэта и могут в свою очередь заново пробуждать гений языка.

Наше исследование подтверждает, что языковая креативность является особой категорией лингвистической поэтики как области изучения тех индивидуально-авторских преобразований в области художественной речи, которые служат основой обновления и расширения самой системы поэтического языка.

---

295 Устинова (2014).
296 Эпштейн (2013).

Литература

Азарова, Н. (2005): Танки. http://natalia-azarova.com/pdf/form/11.pdf (30/06/2020).
Азарова, Н. (2006): Цветы и птицы. Стихи. М.
Азарова, Н. (2007): Буквы моря. Поэма-орнамент. http://natalia-azarova.com/pdf/poem/2.pdf (30/06/2020).
Азарова, Н. (2010а): Язык философии и язык поэзии: движение навстречу. (Грамматика, лексика, текст). М.
Азарова, Н. (2010б): Новоселье в жару // Воздух. 4, 2010. http://www.litkarta.ru/projects/vozdukh/issues/2010-4/azarova/ (30/06/2020).
Азарова, Н. (2011а): Соло равенства. М. http://www.vavilon.ru/texts/azarova1-7.html (30/06/2020).
Азарова, Н. (2011б): Девять стихотворений. последняя строчка была о боге // Крещатик. 4, 2011. http://magazines.russ.ru/kreschatik/2011/4/a11.html (30/06/2020).
Азарова, Н. (2014): Космогония. http://natalia-azarova.com/pdf/osn/cosmogony.pdf (30/06/2020).
Азарова, Н. (2016): Короткие песенки бездны // Воздух. 3-4, 2016. http://www.litkarta.ru/projects/vozdukh/issues/2016-3-4/azarova/view_print/ (30/06/2020).
Айги, Г. (1963): Стихотворения. Теперь всегда снега. http://modernpoetry.ru/main/gennadiy-aygi-stihotvoreniya (05/07/2020).
Айги, Г. (1981): Возникновение храма. http://seredina-mira.narod.ru/aigi.html (05/07/2020).
Айги, Г. (1991): Здесь. Избранные стихотворения. 1954/1988. М.
Айги, Г. (2001): Продолжение отъезда. Стихотворения и поэмы. 1966-1988. М. http://www.vavilon.ru/texts/aigi5-1.html (05/07/2020).
Айги, Г. (2003): Время падает на землю. https://45parallel.net/gennadiy_ aygi/stihi/#bez_nazvaniya_vremya_padaet_na_zemlyu (05/07/2020).
Айги, Г. (2008): Из архивных материалов // Новое литературное обозрение. 5 (93), 2008. http://magazines.russ.ru/nlo/2008/93/ai20.html (05/07/2020).
Айги, Г. (2009): прощальное: белый шиповник // Собрание сочинений в семи томах. Т. 3. М. 72.
Айги, Г. (2014): Расположение счастья. Книга стихов. / Реконструкция Наталии Азаровой и Татьяны Грауз. М.
Алейников, В. (2013): В день зимы // Дети Ра. 12 (110), 2013. http://magazines.russ.ru/ra/2013/12/10a.html (13/07/2020).
Аллель. (2007): Безвозвратно Канувшее в Бездну Чувство. https://www.stihi.ru/2007/08/12-1669 (05/07/2020).
Альчук, А. (1994): Сов семь. М.
Альчук, А. (2009): Стихи разных лет // Дети Ра. 11 (61), 2009. https://magazines.gorky.media/ra/2009/11/stihi-raznyh-let-14.html (05/07/2020).
Амелин, М. (2012): Случайная музыка // Знамя. 10, 2012. https://magazines.gorky.media/znamia/2012/10/sluchajnaya-muzyka.html (05/07/2020).
Амелин, М. (2015): Музыка забытых ремесел // Новый Мир. 1, 2015. https://magazines.gorky.media/novyi_mi/2015/1/muzyka-zabytyh-remesel.html (05/07/2020).
Андрукович, П. (2002): Стихотворения // Вавилон: Вестник молодой литературы. Вып. 9 (25), 2002. М. / Тверь. http://www.vavilon.ru/metatext/vavilon9/andrukovich.html (05/07/2020).

Андрукович, П. (2009): В море одна волна. Книга стихотворений / Серия «Русский Гулливер». М.
Андрукович, П. (2017): (Impressions d`un impressioniste) // Зинзивер. 11, 2017. https://magazines.gorky.media/zin/2017/11/impressions-d-un-impressioniste.html (05/07/2020).
Аристов, В. (2007): Предметная музыка // Дети Ра. 3-4 (29-30), 2007. http://reading-hall.ru/publication.php?id=709 (13/07/2020).
Аристов, В. (2011): Тропою Рильке // Новый Мир. 7, 2011. http://magazines.russ.ru/novyi_mi/2011/7/ar5.html (13/07/2020).
Аронзон, Л. (1962): Все остается. http://ruszhizn.ruspole.info/node/5122 (07/07/2020).
Бабенко, Н. (2019): Грамматические окказионализмы в языке поэзии: проблемы интерпретации // Труды Института русского языка им. В. В. Виноградова. XIX. Материалы международной научной конференции Вторые Григорьевские Чтения «Неология как проблема лингвистической поэтики». М. 154-162.
Байтов, Н. (2016): некая умная нефть // «Знамя». 12, 2016. https://magazines.gorky.media/znamia/2016/12/nekaya-umnaya-neft.html (13/07/2020).
Барскова, П. (2008): Стихи // Воздух. Журнал поэзии. 1, 2008. 104-110.
Бергер, Б. (2013): Когда «Я пишу стихи». https://www.facebook.com/groups/mikropoetica/ (13/07/2020).
Бирюков, С. (2009): Поэзис. Книга стихотворений / Серия «Русский Гулливер». М.
Бирюков, С. (2012): Тенестихи // Крещатик. 2, 2012. https://magazines.gorky.media/kreschatik/2012/2/tenestihi.html (05/07/2020).
Бирюков, С. (2013): Звучарность. М.
Блок, А. (1960): Собрание сочинений в 8-ми томах. Т.2. М. / Л.
Богатырева, О. (2008): Креативный потенциал категории рода в современном русском языке. Автореферат диссертации на соискание ученой степени кандидата филологических наук. М.
Бородин, М. (2006): Никто не знает, как пройти // Дети Ра. 10, 2006. https://magazines.gorky.media/ra/2006/10/nikto-ne-znaet-kak-projti.html (08/07/2020).
Бочавер, С. (2016): Неконвенциональная связность современного русского поэтического текста // Труды Института русского языка им. В. В. Виноградова. VII. Материалы международной научной конференции «Первые Григорьевские чтения: Языковое творчество vs. креативность: эстетический, эвристический и прагматический аспекты» (12–14 марта 2015 г.). М. 338-347
Бранднер, А. (2002): Наречия в кругу частей речи – история их возникновения (образования) // Sbornik praci filozofické fakulty Brněnské university. Studia minora facultatis philosophicae universitatis Brunensis. A 50, 2002. Linguistica Brunensia. 81-88.
Бродский, И. (эл. ресурс): Стихотворения и поэмы (основное собрание). http://www.lib.ru/BRODSKIJ/brodsky_poetry.txt (13/07/2020).
Бройтман, С. (2008): Лирический субъект // Поэтика. Словарь актуальных терминов и понятий. М. 112-114.
Вежлян, Е. (2012): Метафизика тела и хора // Знамя. 5, 2012. http://magazines.russ.ru/znamia/ 2012/5/ve20.html (30/06/2020).
Виноградов, В. (2006): Социально-языковые системы и индивидуально-языковое творчество. // Степанов, Ю. (ред., 2006): Семиотика и Авангард: Антология. М. 242-250.
Винокур, Г. (1943): Маяковский – новатор языка. М.

Вознесенский, А. (1973): Художник и модель. http://www.world-art.ru/lyric/lyric.php?id=11824 (21.05.2020).
Воробьев, Д. (2009): Вопрос // Журнал «РЕЦ». 58, 2009. 43.
Гандельсман, В. (2000): Разрыв пространства. Комментарии к стихам автора // Звезда. 5, 2000. https://magazines.gorky.media/zvezda/2000/5/razryv-prostranstva-kommentarii-k-stiham-avtora.html (30/06/2020).
Гандельсман, В. (2003а): Новые рифмы. СПб. http://www.vavilon.ru/texts/prim/gandelsman4.html (30/06/2020).
Гандельсман, В. (2003б): Стихи // Урал. 2, 2003. http://magazines.russ.ru/ural/2003/2/gandel.html (30/06/2020).
Гандельсман, В. (2009): За тем окном. Стихотворения // Дети Ра. 4 (54), 2009. https://magazines.gorky.media/ra/2009/4/za-tem-oknom.html (30/06/2020).
Гандельсман, В. (2013): Стихи // Новый Журнал. 273, 2013. http://magazines.russ.ru/nj/2013/273/4g.html (30/06/2020).
Гандельсман, В. (2014): Аркадия // Интерпоэзия. 1, 2014. http://magazines.russ.ru/interpoezia/2014/1/9g.html (30/06/2020).
Гандельсман, В. (2019): Отвесной ясности паденье… https://www.facebook.com/vladimir.gandelsman Запись от 11/03/2019 (30/06/2020).
Гейде, М. (2006): Слизни Гарроты. М. / Тверь. http://www.vavilon.ru/texts/geide2-1.html (13/07/2020).
Глазова, А. (2008): Петля неволовину. М. http://www.vavilon.ru/texts/glazova3-6.html (05/07/2020).
Глазова, А. (2014): Опыт сна. New York.
Глазова, А. (2017а): Земля лежит на земле. СПб.
Глазова, А. (2017б): Зеркало темного вида // Воздух. 2-3, 2017. http://www.litkarta.ru/projects/vozdukh/issues/2017-2-3/glazova/ (05/07/2020).
Глазова, А. (2018): Дневник Румпельштильцхена // Зеркало. 52, 2018. http://magazines.russ.ru/zerkalo/2018/52/dnevnik-rumpelshtilchena.html (21.05.2020).
Гнедов, В. (1913): Летана. https://45parallel.net/vasilisk_gnedov/stihi/ (13/07/2020).
Грауз, Т. (2006): В доме-бутоне-розы-цветущей. Стихотворения // Дети Ра. 4, 2006. https://magazines.gorky.media/ra/2006/4/v-dome-butone-rozy-czvetushhej.html (30/06/2020).
Грауз, Т. (2009): Из цикла «Старинные стихи о душе». http://seredina-mira.narod.ru/grauz2.html (30/06/2020).
Грауз, Т. (2013): Слитно-раздельно // Словесность. 8, 2013. http://reading-hall.ru/publication.php?id=7510 (30/06/2020).
Грауз, Т. (2018): О неподцензурной музыке в поэзии Г. Айги // Интерпоэзия. 3-4, 2018. http://www.intelros.ru/readroom/interpoeziya/i3-4-2018/37552-o-nepodcenzurnoy-muzyke-v-poezii-gennadiya-aygi.html (29/06/2020).
Данильянц, Т. (2018): Люди и вещи // Новый журнал. 293, 2018. http://newreviewinc.com/tatyana-danilyants (13/07/2020).
Дашевский, Г. (2001): Стихи 1983-1999. М. http://www.vavilon.ru/texts/prim/dashevsky2-1.html (07/07/2020).
Дашевский, Г. (2007): Март позорный рой сугробу яму. https://www.kommersant.ru/doc/2371881 (30/06/2020).
Делаланд, Н. (2002): Бисерясь. Ну и чего же ты бсеришься… / под псевдонимом Н. Неизвестная. https://www.stihi.ru/2002/07/24-495 (05/07/2020).

Делаланд, Н. (2003а). Светская болтовня. Танцы. Так это - бал? / под псевдонимом Н. Неизвестная. https://stihi.ru/2003/06/28-297 (05/07/2020).

Делаланд, Н. (2003б): Встретить бы какого-нибудь старого какого-нибудь знакомого,... http://ursp.org/old/delaland/2.htm (05/07/2020).

Делаланд, Н. (2006): Сельское кладбище. http://ursp.org/old/delaland/2.htm (05/07/2020).

Делаланд, Н. (2008): Сквозь зиму // Дети Ра. 6 (44), 2008. http://magazines.russ.ru/ra/2008/6/de12.html (05/07/2020).

Делаланд, Н. (2009): Взлохмаченную и сонную, прошедшую мимо зеркала... https://45parallel.net/nadya_delaland/vzlokhmachennuyu_i_sonnuyu.html (05/07/2020).

Делаланд, Н. (2012): Стихотворения // Арион. 2, 2012. https://magazines.gorky.media/arion/2012/2/174684.html (05/07/2020).

Делаланд, Н. (2014а): Сон на краю. М.

Делаланд, Н. (2014б): Стихи // Нева. 4, 2014. http://magazines.russ.ru/neva/2014/4/7d.html (05/07/2020).

Делаланд, Н. (2019а): На правах рукописи. М.

Делаланд, Н. (2019б): Мой папа был стекольщик. М.

Деррида, Ж. (2000): Фрейд и сцена письма // Французская семиотика: От структурализма к постструктурализму / Пер. с фр., составление и вступ. статья Г.К. Косикова. М. 336-378.

Драгомощенко, А. (1993): Ксении. СПб. http://www.vavilon.ru/texts/drago3-3.html (29/06/2020).

Драгомощенко, А. (2000): Описание. СПб. http://www.vavilon.ru/texts/dragomot4-4.html (29/06/2020).

Драгомощенко, А. (2005): На берегах исключенной реки. М. http://www.vavilon.ru/texts/dragomot5-1.html (29/06/2020).

Драгомощенко, А. (2007): Письмо превращает нас // Textonly. 22, 2007. http://textonly.ru/self/?issue=22&article=23080 (29/06/2020).

Драгомощенко, А. (2011а): Тавтология: Стихотворения, эссе / Предисл. А. Скидана, послеслов. Е. Павлова. М.

Драгомощенко, А. (2011б): Интервью с Линор Горалик // Воздух: Журнал поэзии. 2-3, 2011. http://www.litkarta.ru/projects/vozdukh/issues/2011-2-3/dragomoschenko-interview/ (29/06/2020).

Дремов, М. (2018): луна – шпионаж. http://polutona.ru/?show=1128071213 (13/07/2020).

Еременко, А. (эл. ресурс): «Колю дрова...». https://dom-knig.com/read_233228-1 (13/07/2020).

Заботкина, В. (2018): Креативность в лексиконе: взаимодействие когниции и коммуникации // Язык. Культура. Перевод. Коммуникация: сборник научных трудов. Выпуск 2. М. https://bookonlime.ru/node/2692 (29/06/2020).

Заворотинская, У. (2005): Комикс вселенной // Футурум АРТ. 2 (10), 2005. http://reading-hall.ru/publication.php?id=8911 (07/07/2020).

Земских, В. (2013): «Мы долго плыли по реке...» // Крещатик. 4 (62), 2013. http://magazines.russ.ru/kreschatik/2013/4/26z.html (13/07/2020).

Земских, В. (2014): Сквозь сито дней // Зинзивер. 4 (60), 2014. http://magazines.russ.ru/zin/2014/4/2z.html (13/07/2020).

Зингер, Г-Д. (2017): Десять дней возвращения // Воздух. 1, 2017. http://www.litkarta.ru/projects/vozdukh/issues/2017-1/zinger/ (05/07/2020).

Зубова, Л. (1999): Частеречная трансформация как троп в современной поэзии (взаимодействие рефлексов бывшего перфекта) // Труды по знаковым системам. XXVII. Тарту. 196-214.

Зубова, Л. (2000а): Современная русская поэзия в контексте истории языка. М.

Зубова, Л. (2000б): Категория рода и лингвистический эксперимент в современной поэзии. http://www.levin.rinet.ru/ABOUT/zubova1.html (29/06/2020).

Зубова, Л. (2007): Смысловой потенциал эпитета в современной поэзии // Фатеева, Н. (ред., 2007): Лингвистика и поэтика в начале третьего тысячелетия. Материалы международной научной конференции (Москва, 24–28 мая 2007 г.). М. 231-244.

Зубова, Л. (2009): Глагольная валентность в познании мира // Фатеева, Н. (ред., 2009): Язык как медиатор между знанием и искусством. Сборник материалов Международного научного семинара. М. 39–55.

Зубова, Л. (2010): Языки современной поэзии. М.

Иванов, Вяч. (2004): Лингвистика третьего тысячелетия. Вопросы к будущему. М.

Ивкин, С. (2017): Мужчина напротив женщины // Дети Ра. 3, 2017. http://magazines.russ.ru/ra/2017/3/muzhchina-naprotiv-zhenshiny.html (13/07/2020).

Ирисханова, О. (2009): О понятии лингвокреативности и ее роли в метаязыке лингвистических описаний // Когнитивные исследования языка. Вып. V. М. / Тамбов. 157–171.

Кальпиди, В. (1997): Ресницы. Книга стихов. Челябинск. http://www.vavilon.ru/texts/prim/kalpidi2.html (29/06/2020).

Кальпиди, В. (2003): Хакер. http://modernpoetry.ru/main/vitaliy-kalpidi-haker (29/06/2020).

Кальпиди, В. (2010): Контрафакт: Книга стихов и поэтических римейков. М. http://www.vavilon.ru/texts/prim/kalpidi3.html (29/06/2020).

Каневский, Г. (2017): Капля // «Октябрь». 6, 2017. https://magazines.gorky.media/october/2017/6/kaplya.html (13/07/2020).

Капович, К. (2013): «Не дай мне, Боже, знать слова другие...» и др. Стихи // Волга. 9-10, 2013. http://magazines.russ.ru/volga/2013/9/6k.html (05/07/2020).

Кацюба, Е. (2014): Посвящается 30-летию ДООСА. http://www.mecenat-and-world.ru/57-60/kacuba.htm (05/07/2020).

Кацюба, Е. (2017): Площадь ночью // Дети Ра. 6 (152), 2017. http://reading-hall.ru/publication.php?id=19834 (05/07/2020).

Капович, К. (2018): Лохам - на память // Воздух. 36, 2018. http://www.litkarta.ru/projects/vozdukh/issues/2018-36/kapovich/ (05/07/2020).

Кедров, К. (1991): Верфьлием. М.

Кенжеев, Б. (1991): Стихи последних лет. М. http://bakhyt.narod.ru/spl.htm (07/07/2020).

Кибиров, Т. (2014): Лирические комментарии. http://literratura.org/poetry/107-timur-kibirov.html (13/07/2020).

Корчагин, К. (2013): «Маска сдирается вместе с кожей»: способы конструирования субъекта в политической поэзии 2010-х годов // Новое литературное обозрение. 124 (6), 2013. http://magazines.russ.ru/nlo/2013/124/17k.html (29/06/2020).

Корчагин, К. (2016): Аналоговое море. http://literratura.org/poetry/1791-kirill-korchagin-analogovoe-more.html (29/06/2020).

Костинский, А. (2016): Ух! Ом! // Полутона. http://polutona.ru/?show=1220203703 (13/07/2020).

Костинский, А. (2017): Заумь-2017 // Дети Ра. 1, 2017. http://magazines.russ.ru/ra/2017/1/zaum-2017.html (13/07/2020).

Кривулин, В. (2001): Стихотворения юбилейного года. М. http://www.vavilon.ru/texts/krivulin4.html (05/07/2020).

Кротков, Е. / Манохин, Д. (2010): Парадигма деконструктивизма: философско-методологический анализ. http://ecsocman.hse.ru/data/2010/12/09/1214860964/Krotkov.pdf (29/06/2020).

Круглов, С. (2006): Ангел недостоинства. // Полутона. https://polutona.ru/?show=04170 10658 (05/07/2020).

Круглов, С. (эл. ресурс): День Филонова // Полутона. https://polutona.ru/?show=04170 10932 (05/07/2020).

Кучерявкин, В. (2011): Книга стихов. М. http://www.vavilon.ru/texts/kucher5.html (07/07/2020).

Лакан, Ж. (2004): Анализ и истина, или Закрытие бессознательного // Он же. Четыре основные понятия психоанализа (Семинары: Книга XI (1964)) / Пер. с фр. А. Черноглазова. М. 146-158.

Левин, А. (1995а): Биомеханика. Лингвопластика. Когда душа стрела и пела... http://www.levin.rinet.ru/BIO/ling/16.htm (07/07/2020).

Левин, А. (1995б): Биомеханика. Избранные стихотворения 1983-1995 гг. М. http://www.vavilon.ru/texts/levin1-3.html (07/07/2020).

Левин, А. (1998): Наклонительное повеление. https://teksty-pesenok.ru/rus-aleksandr-levin/tekst-pesni-naklonitelnoe-povelenie/1728103/ (07/07/2020).

Левин, А. (2003): Торчучелко // Левин, А. / Строчков, В. Перекличка. М. / Тверь. http://www.vavilon.ru/texts/levinstrochkov1-2.html (21/05/2020).

Левин, А. (эл. ресурс): Разные летали. http://mirpesen.com/ru/levin-aleksandr/raznye-letali.html (07/07/2020).

Лингвистика креатива (2009): Лингвистика креатива: колл. моногр. / отв. ред. Т. А. Гридина. Екатеринбург.

Лингвистика креатива-2 (2012): Лингвистика креатива-2: колл. моногр. / под общ. ред. проф. Т. А. Гридиной. 2-е изд. Екатеринбург.

Липовецкий, М. (2013): Практическая «монадология» Пригова // Пригов, Д.А. Монады: Собрание сочинений: В 5 т. Т.1. М. 10-45.

Логвинова, А. (2004): Ну, жирафствуй! https://annalogvinova.ru/stihi/stihi-ne-dlya-detej-i-ne-pro-detej/nuzhirafstvuy/ (13/07/2020).

Месропян, А. (2008): Все время. https://polutona.ru/printer.php3?address=0907141441 (07/07/2020).

Мориц, Ю. (1975): Хорошо - быть молодым! http://owl.ru/morits/stih/face021.htm (05/07/2020).

Мориц, Ю. (2005): Ленивые записки. http://www.owl.ru/morits/stih/privet/poem123.htm (05/07/2020).

Мориц, Ю. (2014а): Сквозозеро. http://www.owl.ru/morits/stih/skvozero/p013.htm (05/07/2020).

Мориц, Ю. (2014б): Где. http://www.owl.ru/morits/stih/skvozero/p144.htm (05/07/2020).

Мориц, Ю. (эл. ресурс): Не вспоминай меня и забудь... https://45parallel.net/yunna_morits/ne_vspominay_menya_i_ne_zabud.html (05/07/2020).

Николина, Н. (2004): Современное поэтическое словотворчество // Фатеева, Н. (ред., 2004): Поэтика исканий, или поиск поэтики. Сборник материалов международной конференции-фестиваля «Поэтический язык рубежа XX-XXI веков и современные литературные стратегии». М. 90-99.

Николаева, О. (2009): Щастье // Арион. 4, 2009. http://magazines.russ.ru/arion/2009/4/ni1.html (30/06/2020).

Николаева, О. (2017): Всерьез и навзрыд // Знамя. 2, 2017. http://magazines.russ.ru/znamia/2017/2/vseryoz-i-navzryd.html (30/06/2020).
Николина, Н. (2009): Активные процессы в языке современной русской художественной литературы. М.
Новиков, Л. (1995): Противоречие как прием // Филологический сборник к 100-летию со дня рождения академика В.В. Виноградова. М. 326-334.
Павлова, В. (1997): Небесное животное. Стихи. М. http://www.vavilon.ru/texts/prim/pavlova1-2.html (07/07/2020).
Павлова, В. (2006): Убежит молоко черемухи... // Зарубежные записки. 8, 2006. http://magazines.russ.ru/zz/2006/8/pa3.html (07/07/2020).
Павлова, В. (2014): Предвоенное время // Знамя. 10, 2014. https://magazines.gorky.media/znamia/2014/10/predvoennoe-vremya.html (07/07/2020).
Павловец, М. (2009): "Pars pro toto": Место «Поэмы Конца (15)» в структуре книги Василиска Гнедова «Смерть искусству» (1913) // Toronto Slavic Quartely. Academic Electronic Journal in Slavic Studies. 27, 2009. http://sites.utoronto.ca/tsq/27/pavlovec27.shtml (29/06/2020).
Пастернак, Б. (1989): Собрание сочинений в 5-ти томах. Т.2. М.
Пащенко, О. (2002): Узелковое письмо. М. / Тверь. http://www.vavilon.ru/texts/pashchenko1.html (05/07/2020).
Пащенко, О. (2017): Работа в бесцветном // Воздух. 1, 2017. http://www.litkarta.ru/projects/vozdukh/issues/2017-1/pashchenko/view_print/ (05/07/2020).
Петровская, Е. (2013): Фундамент — пыль (Заметки о поэзии А.Т. Драгомощенко) // Новое литературное обозрение. 121 (3), 2013. https://www.nlobooks.ru/magazines/novoe_literaturnoe_obozrenie/121_nlo_3_2013/article/10451/ (29/06/2020).
Плунгян, В. (2011): Введение в грамматическую семантику: грамматические значения и грамматические системы языков мира: учеб. пособие. М.
Полозкова, В. (2003): Стихи Веры Полозковой разных лет. http://m.tululu.org/bread_58814_10.xhtml (30/06/2020).
Полозкова, В. (2007): Непоэмание. http://modernpoetry.ru/contemporary/vera-polozkova-nepoemanie#nepoemanie1 (30/06/2020).
Полозкова, В. (2012): И катись бутылкой по автостраде... https://socratify.net/quotes/vera-nikolaevna-polozkova/14749 (30/06/2020).
Полозкова, В. (эл. ресурс): Стихи Веры Полозковой разных лет. http://mirpoezylit.ru/books/6640/26/ (30/06/2020).
Поляков, А. (2007): Интервью с Линор Горалик // Воздух: Журнал поэзии. 3, 2007. 22-39.
Поляков, А. (2014): Стихотворения // Воздух. Журнал поэзии. 1, 2014. http://www.litkarta.ru/projects/vozdukh/issues/2014-1/krym/ (29/06/2020).
Поляков, А. (2017): Орфей в залатанном халате // Знамя. 1, 2017. http://magazines.russ.ru/znamia/2017/1/orfej-v-zalatannom-halate.html (29/06/2020).
Поспелов, Е. (2010): Мост через океан: поэтические тексты. М.
Проффер, К. (1986): Остановка в сумасшедшем доме: поэма Бродского «Горбунов и Горчаков» // Лосев, Л. (ред., 1986): Поэтика Бродского. Сборник статей. Tenafly. 132-140.
Пушкин, А. (1977): Полное собрание сочинений в 10-ти томах. Издание четвертое. Т.1. Л.
Пьеге-Гро, Н. (2008): Введение в теорию интертекстуальности / Общ. ред. и вступ. ст. Г.К. Косикова. М.
Ремчукова, Е. (2011): Креативный потенциал русской грамматики. Изд. 2, испр. и доп. М.
Риц, Е. (2005): Возвращаясь к легкости. М. http://www.vavilon.ru/texts/rits2.html (07/07/2020).

Риц, Е. (2014): Тают морские дни… // Урал. 2, 2014. http://magazines.russ.ru/ural/2014/2/3r.html (07/07/2020).

Родионов, А. (2012): В Перми жестокая метель // Воздух. 1-2, 2012. http://www.litkarta.ru/projects/vozdukh/issues/2012-1-2/rodionov/view_print/ (13/07/2020).

Рымбу, Г. (2010): «Дай мне тему, и тема забудется….» и др. // Волга. 11-12, 2010. http://magazines.russ.ru/volga/2010/11/ry8.html (05/07/2020).

Сазина, Е. (2005): Diapason. Диапазон. Антология современной немецкой и русской поэзии. М.

Санников, А. (2007): Зима невмоготы // Воздух. 2, 2007. http://www.litkarta.ru/projects/vozdukh/issues/2007-2/sannikov/ (07/07/2020).

Сапгир, Г. (1999): Слова. // Арион. 1, 1999. http://magazines.russ.ru/arion/1999/1/sapgir.html (29/06/2020).

Сидорова, М. / Липгарт, А. (2018): Грамматика современной русской поэзии: линеаризация и синтаксические техники // Мир русского слова. 3, 2018. 52–71.

Симоновская, В. (2016): Ну и? О стихах Валерия Земских. http://obtaz.com/es-32.htm (13/07/2020).

Скидан, А. (2005): Красное смещение. М. / Тверь. http://www.vavilon.ru/texts/skidan5.html (13/07/2020).

Соловьев, С. (2015): Держись, мальчик // Новый Мир. 8, 2015. https://magazines.gorky.media/novyi_mi/2015/8/derzhis-malchik.html (05/07/2020).

Соловьев, С. (2017): На границах сред // Новый Мир. 2, 2017. http://magazines.russ.ru/novyi_mi/2017/2/na-granicah-sred.html (05/07/2020).

Соснора, В. (1999): Куда пошел? и где окно? Книга новых стихотворений. СПб. http://www.vavilon.ru/texts/prim/sosnora2.html (13/07/2020).

Соснора, В. (2000): Флейта и прозаизмы. http://www.sosnora.poet-premium.ru/poetry_21.html (13/07/2020).

Степанова, М. (2001а): О близнецах. М. http://www.vavilon.ru/texts/stepanova2-1.html#1 (29/06/2020).

Степанова, М. (2001б): Песни северных южан. М. http://www.vavilon.ru/texts/stepanova 1-2.html (29/06/2020).

Степанова, М. (2008а): Интервью с Линор Горалик // Воздух: Журнал поэзии. 4, 2008. http://www.litkarta.ru/projects/vozdukh/issues/2008-4/interview/ (29/06/2020).

Степанова, М. (2008б): «Проза Ивана Сидорова». М.

Степанова, М. (2014): SPOLIA. Гефтер.ру публикует новые стихи Марии Степановой. 30.06.2014. http://gefter.ru/archive/12647 (29/06/2020).

Строчков, В. (2007): Стихи 2007 года. http://levin.rinet.ru/FRIENDS/STROCHKOV/strochkov_2007.htm (05/07/2020).

Строчков, В. (2010): Стихи 2010 года. http://levin.rinet.ru/FRIENDS/STROCHKOV/strochkov_ 2010-5.htm (05/07/2020).

Строчков, В. (2011): Past Perfect Ice Cream // Воздух. 1, 2011. http://www.litkarta.ru/projects/vozdukh/issues/2011-1/strochkov/ (05/07/2020).

Строчков, В. (2012): Стихи 2012 года. http://levin.rinet.ru/FRIENDS/STROCHKOV/strochkov_2012.htm (05/07/2020).

Строчков, В. (2016): Стихотворения // Prosōdia. 5, 2016. https://magazines.gorky.media/prosodia/2016/5/195875.html (05/07/2020).

Суховей, Д. (2009): еду я в никуда из нигде. https://evg81.livejournal.com/119400.html (13/07/2020).

Литература

Тавров, А. (2008): Зима Ахашвероша. М. http://www.vavilon.ru/texts/tavrov2.html#7 (05/07/2020).
Тавров, А. (2013): Кусок света // Урал. 12, 2013. http://magazines.russ.ru/ural/2013/12/7t.html (05/07/2020).
Тавров, А. (2015): Шестистишия // Волга. 1-2, 2015. http://magazines.russ.ru/volga/2015/2/9t.html (05/07/2020).
Тавров, А. (2016): Буква Иероним // Волга. 7-8, 2016. http://magazines.russ.ru/volga/2016/7-8/bukva-ieronim.html (05/07/2020).
Тавров, А. (2018): Снег сыплется из глаз // Урал. 1, 2018. http://magazines.russ.ru/ural/2018/1/sneg-sypletsya-iz-glaz.html (05/07/2020).
Уланов, А. (1997): Стихи и проза. М. http://www.vavilon.ru/texts/prim/ulanov1.html (05/07/2020).
Уланов, А. (2007): Перемещения +. М. http://www.vavilon.ru/texts/prim/ulanov4.html (05/07/2020).
Устинова, Т. (2014): Языковые девиации поэта как код и сообщение // Universum: Филология и искусствоведение: электрон. науч. журн. 3 (5), 2014. http://7universum.com/ ru/philology/archive/item/1123 (29/06/2020).
Устинова, Т. (2017): Неконвенциональное смыслообразование в поэтической речи: лингвокогнитивное моделирование читательской рецепции и межъязыковой перевод. Автореферат диссертации на соискание ученой степени доктора филологических наук. Екатеринбург.
Фанайлова, Е. (2010): Поездка в Сараево // Вестник Европы. 28-29, 2010. http://magazines.russ.ru/vestnik/2010/28/fa16.html (07/07/2020).
Фанайлова, Е. (2019): Холодная война // ЦИРК ОЛИМП TV. 30 (63), 2019. http://www.cirkolimp-tv.ru/articles/848/kholodnaya-voina?fbclid=IwAR0a2s6njLfb54aGY_Qhgu--wxbD5oziitTPmqpSRUpC1cJ1jwq6OxRq0LQ (07/07/2020).
Фатеева, Н. (2009): Особенности языковой организации современных стихотворных текстов рубежа XX-XXI веков // Менгель, С. / Фатеева, Н. (ред., 2009): Динамика формы художественного текста: стих, проза, драма в конце XX — начале XXI века (Dynamik poetischer Formen. Lyrik-, Prosa- und Dramatexte in Russland um die Jahrtausendwende)». Halle. 23-118.
Фатеева, Н. (2016): Языковые девиации в аспекте креативности (на материале современной русской поэзии) // Верхневолжский филологический вестник. 4, 2016. 44-48.
Фатеева, Н. (2017): Грамматические тропы как проявление языковой креативности в поэтическом тексте (на материале современной поэзии) // Грамматические исследования поэтического текста. Материалы международной научной конференции (7-10 сентября 2017 года). Петрозаводск. 26-29.
Фатеева, Н. (2018): Грамматические инновации в современной поэзии как проявление лингвокреативности // Вестник Волгоградского государственного университета. Серия 2. Языкознание. Т. 17. 2, 2018. 44-52.
Фатеева, Н. (2019а): Солюби, исчезаясь, мой ноч: о неологии в поэтической грамматике // Труды Института русского языка им. В.В.Виноградова. Выпуск XIX. Материалы международной научной конференции «Вторые Григорьевские чтения: Неология как проблема лингвистической поэтики». М. 163-175.
Фатеева, Н. (2019б): "Расщепленный субъект" в современной поэзии: обнажение приема. // Russian Literature. 109-110, 2019. 185-202.

Фатеева, Н. (2020): Проявления лингвокреативности в современной поэзии (в аспекте креаторики М.Н. Эпштейна) // HOMO Scriptor. Сборник статей и материалов в честь 70-летия М. Эпштейна. М. 364-383.
Фрейд, З. (1989): Психология бессознательного. М.
Ходынская, Л. (1996): Аскорбиновая молитва // «Газета ПОэзия». 2, 1996.
Цветков, А. (2005): Новые стихотворения // Textonly. 14, 2005. http://textonly.ru/self/?issue=14&article=32032 (30/06/2020).
Цветков, А. (2006): Шекспир отдыхает. СПб. http://www.vavilon.ru/texts/tsvetkov2.html (30/06/2020).
Цветков, А. (2010): Детектор смысла. М. http://www.vavilon.ru/texts/tsvetkov5.html (30/06/2020).
Чепасова, А. (2016): Конструкция глагол + возвратное местоимение в современном русском языке. Челябинск.
Черешня, В. (1991): Сдвиг. http://www.stosvet.net/union/Chereshnya/sdvig.html (30/06/2020).
Черешня, В. (2018): Узнавание. [б.м.].
Шаронов, И. (2009): Коммуникативы и методы их описания // Диалог 2009. http://www.dialog-21.ru/media/1634/84.pdf (29/06/2020).
Шварц, Е. (1993): Лоция ночи. http://modernpoetry.ru/main/elena-shvarc-lociya-nochi (07/07/2020).
Шварц, Е. (эл.ресурс): На повороте в Гефсиманию. http://modernpoetry.ru/main/elena-shvarc-na-povorote-v-gefsimaniyu (07/07/2020).
Шишкина, М. (2013): Функции интертекста в русской поэзии конца 1990-х – начала 2010-х гг. (на примере творчества Т.Кибирова, С.Гандлевского, Д.Воденникова, В.Павловой) // Acta Linguistica. 7 (2), 2013. 120-127.
Шталь, Х. / Рутц, М. (ред., 2013): Имидж, диалог, эксперимент – поля современной русской поэзии. München / Berlin / Washington D. C.
Штраус, А. (2009): Проблема лирического героя в современной поэзии: новые тенденции 1990-х-2000-х годов. Автореферат диссертации на соискание ученой степени кандидата филологических наук. Екатеринбург.
Щербино, К. (2001): Te Deum. https://www.netslova.ru/sherbino/stihi.html (05/07/2020).
Щербино, К. (2005): Бытовая мифология. Новые стихотворения // Textonly. 14, 2005. http://textonly.ru/self/?issue=14&article=32046 (05/07/2020).
Эпштейн, М. (2013): О роли лингвистики в развитии языка. http://www.mccme.ru/llsh/materials/2013/Epstein_Iazyk_letn_shkolaF.pdf (29/06/2020).
Эпштейн, М. (2016): От знания – к творчеству. Как гуманитарные науки могут изменить мир. М. / СПб.
Якобсон, Р. (1987): Работы по поэтике. М.
Якобсон, Р. (2011): Формальная школа и современное русское литературоведение. М.

Carter, R. (2004): Language and Creativity. The Art of Common Talk. London.
Crystal, D. (1998): Language Play. Harmondsworth.
Dancygier, B. (2017): Introduction. In: Dancygier, B. (ed., 2017): The Cambridge Handbook of Cognitive Linguistics. Cambridge. 1–10.
Maybin, J. / Swann, J. (2007): Everyday Creativity in Language: Textuality, Contextuality, and Critique. In: Applied Linguistics. 28 (4), 2007. 497–517.
Moreno, R. (2007): Creativity and Convention: The Pragmatics of everyday figurative speech. Amsterdam.

Pope, R. / Swann, J. (2011): Introduction: creativity, language, literature. In: Swann, J. / Pope, R. / Carter, R. (eds., 2011): Creativity in Language and Literature: The State of the Art. Basingstoke. 1-22.
Swann, J. / Pope, R. / Carter, R. (eds., 2011): Creativity in Language and Literature: The State of the Art. Basingstoke.
Weststejn, W. G. (1987): Die Mythisierung des lyrischen Ich in der Poesie Velimir Chlebnikovs'. In: Schmid, Wolf (Hg., 1987): Mythos in der slawischen Moderne. Wiener Slawistischer Almanach. Sonderband 20. München / Wien. 119-138.
Vanderslice, S. (2011): Creative Writing Studies: Rethinking Creative Writing: Programs and Practices that Work. Wicken, Cambridgeshire.

www.ingramcontent.com/pod-product-compliance
Lightning Source LLC
Chambersburg PA
CBHW050559300426
44112CB00013B/1991